Buchners Schulbibliothek der Moderne

KERSTIN HENSEL
DER DEUTSCHGEBER

TEXT & KOMMENTAR

Buchners Schulbibliothek der Moderne
Herausgegeben von Wolfgang Reitzammer und Klaus Will.

Heft 37

Kerstin Hensel
Der Deutschgeber

Kommentiert von Wolfgang Reitzammer und Klaus Will.

1. Auflage 5 4 3 2 1   2018 17 16 15 14
Die letzte Zahl bedeutet das Jahr dieses Druckes.
Alle Drucke dieser Auflage sind, weil untereinander unverändert,
nebeneinander benutzbar.

Dieses Werk folgt der reformierten Rechtschreibung und Zeichensetzung. Ausnahmen bilden Texte, bei denen künstlerische, philologische oder lizenzrechtliche Gründe einer Änderung entgegenstehen.

© 2014 C. C. Buchner Verlag, Bamberg
Das Werk und seine Teile sind urheberrechtlich geschützt. Jede Nutzung in anderen als den gesetzlich zugelassenen Fällen bedarf der vorherigen schriftlichen Einwilligung des Verlages. Das gilt insbesondere auch für Vervielfältigungen, Übersetzungen und Mikroverfilmungen.
Hinweis zu § 52a UrhG: Weder das Werk noch seine Teile dürfen ohne eine solche Einwilligung eingescannt und in ein Netzwerk eingestellt werden. Dies gilt auch für Intranets von Schulen und sonstigen Bildungseinrichtungen.

Karikatur auf dem Einband: Uli Stommel
Einband: CMS – Cross Media Solutions GmbH, Würzburg
Gesamtherstellung: Pustet, Regensburg

www.ccbuchner.de

ISBN 978 3 7661 3987 0

Inhalt

Vorwort 4

Der Text

Kerstin Hensel: Der Deutschgeber 5

Arbeitsaufträge zur werkimmanenten Interpretation ... 52

Arbeitsaufträge zur Textsorte Novelle 55

Waldemar Schetelich, ein extremer Goethe-Liebhaber? .. 56

Zum Goethe-Barometer 56 – Johann Wolfgang von Goethe: Tischlied 58 – Johann Wolfgang von Goethe: Ein Andres 59 – Johann Wolfgang von Goethe: Die Metamorphose der Pflanzen (Ausschnitt) 60 – Johann Wolfgang von Goethe: Lasst fahren hin das allzu Flüchtige! 61 – Zur offiziellen Goethe-Rezeption in der DDR 62

Jugendliche, Schule und Deutschunterricht in der DDR der 70er und 80er Jahre 64

Jana Hensel: Zonenkinder 64 – Auszüge aus dem DDR-Lehrplan »Deutsche Sprache und Literatur« 67 – Ulrich Hennicke: Unser Weg ins Leben 69

Ein Tag in Buchenwald 70

Auszüge aus der Rede des Ministerpräsidenten der DDR, Otto Grotewohl 70 – Aus einer Informationsbroschüre für die nationale Gedenkstätte Buchenwald 71 – Aktuelle Informationen der Stiftung Buchenwald und Mittelbau-Dora 72 – Thomas Schmid in »DIE WELT online« 72 – Kerstin Hensel erinnert sich an ihre Schulzeit 72

Die Novelle im Spiegel der Literaturkritik 73

Ulrike Baureithel in »Der Freitag« 73 – Michael Opitz im dradio 74 – Wolf Peter Schnetz in den Nürnberger Nachrichten 76 – Johann Wolfgang von Goethe: Rezensent 77

Weiterführende Vorschläge für Referate (Vergleichslektüren) 78

Kerstin Hensel: Tanz am Kanal 78 – Kerstin Hensel: Falscher Hase 80 – Kerstin Hensel: Lärchenau 82 – Heinrich Mann: Professor Unrat 84 – Siegried Lenz: Schweigeminute 86 – Altes Testament Buch Esther 1, 1–22 (nacherzählt) 88

Die Verfasserin Kerstin Hensel und ihre Aussagen zu der Novelle 89

Vorwort

Kerstin Hensel ist eine virtuose, sprachmächtige Autorin. In ihrer kunstvoll komponierten Novelle »Der Deutschgeber« erzählt sie Ungeheuerliches, Skurriles, Spannendes. Zentrale Themen der Gegenwartsliteratur wie Identitätsfindung, Generationenkonflikt und das Scheitern von Lebensentwürfen werden angesprochen. Darüber hinaus erfährt man vieles vom Schul- und Alltagsleben in der ehemaligen DDR, das aufschlussreich für den heutigen Leser ist.

Die Aufgaben und Materialien dienen der Erschließung des Prosawerkes und der differenzierten Auseinandersetzung sowohl mit Aspekten der DDR-Geschichte als auch mit der literarischen Tradition, in der die Novelle gesehen werden kann. Besonders erhellend sind sicherlich die Antworten, die Kerstin Hensel interessierten Schülern auf deren Fragen gab (Sie können sie im achten Kapitel dieses Heftes nachlesen). Und sie ist sicherlich bereit, bei Bedarf weitere Auskünfte zu geben.

Viel Freude beim Lesen wünschen

Wolfgang Reitzammer
und Klaus Will

Erlangen/Nürnberg,
im Dezember 2013

Auch steckte er mir bunte Federn ins Haar, weil er es so liebte. Ich tanzte vor meinem Vater mit diesen Federn und dem Kleid aus Popeline und den weißen Söckchen. Ich war sein Vögelchen, seine Squaw oder seine Königin. Ich tanzte im Wohnzimmer auf dem Teppich, der einen Brandfleck hatte, sprang mit heißen Füßen darüber, dreijährig, vierjährig, auch später noch. Ich tanzte nur für Vater, der im Sessel saß, umgeben von der Familie. Ich drehte mich vor seinen Augen, hüpfte, himmelte ihn an, und das Kleid knisterte. Die Familie gab mir Beifall, wenn ich mich, außer Atem, verbeugte. Lösten sich dabei die Federn aus meinem Haar, lachte Vater und sagte: Sie mausert sich.

Mutter arbeitete halbtags im Schulsekretariat. Fragte man sie, was ihr Mann von Beruf sei, antwortete sie nicht: Er ist Deutschlehrer, sondern: Er gibt Deutsch. Vater war Deutschgeber. Er gab Deutsch, wie man Medizin verabreicht. Er gab es Schülern, Kollegen, Nachbarn, Verwandten, seiner Frau und vor allem mir.

»Va-ter«, intonierte er bereits am Tag meiner Geburt, »Wanda hat einen Va-ter!«

Nicht, dass ich mich erinnere, aber ich weiß es: Er betonte die erste Silbe besonders stark, brummte sie aus der Leibeshöhle hervor, so dass sich der Klang unvergesslich in mir verfestigte. Andere Kinder nannten ihren Vater Papa oder Vati. Ich: Va-ter.

Ich tat alles immer, wie er es verlangte. Er versuchte, mir das Sprechen beizubringen in einem Alter, in dem ich noch keine Zähne hatte.

Va-ter. Wan-da.

Den Namen Wanda hatte er über Mutters Einverständnis hinweg bestimmt. Wanda passte nicht in die Zeit, aber gut zu Waldemar. Wa-Wa, das war unser Stabreim. Vater hieß Waldemar. Wanda hieß kein einziges Kind im ganzen Land. Einzigartigkeit war etwas, das Vaters Stolz entfachte.

Va-ter. Wan-da. Wal-de-mar.

Niemals Vati, niemals Wandalein, niemals Waldi. Bei Waldi rastete er aus. Er vertrat das Vollständige, das absolut Korrekte. Er liebte den perfekten Klang der deutschen Sprache, aber er äußerte nichts nur des Klanges wegen. Vater war Deutschgeber

5

und Semantiker[1]. Er wusste um den Ursprung eines jeden Wortes. Auch seine Frau durfte nie vergessen, woher sie kam. Er rief sie stets beim vollen Namen: Hannelore Schetelich, geborene Metz.

Er sagte zum Beispiel: »Hannelore Schetelich, geborene Metz, sieh nach, ob die Kartoffeln weich sind!«

Hatte Mutter durch irgendetwas Vaters Unmut erregt, verlängerte er ihren Mädchennamen um einen verhängnisvollen Buchstaben: »Hannelore Schetelich, geborene Metze![2]«

Er fühlte sich witzig, originell und intelligent, zumal sich meine Mutter genau wegen dieser Eigenschaften in ihn verliebt hatte. Eines Sonntags, in der Straßenbahn, wo der Germanistikstudent den Textilfacharbeiterlehrling bezauberte. Mit Goethezitaten und anderen Spruchweisheiten, die so frech und lustig waren, dass das Mädchen gegen ihren Willen erst an der Wendeschleife ausstieg. Damals trugen sie Vaters geflügelte Worte davon. Sie versprachen eine vergnüglichere Zukunft, als der Beruf einer Schneiderin es erwarten ließ.

Vater wäre gern als Literaturforscher an der Universität geblieben, doch wegen Lehrermangels wurde er als Oberschulpädagoge eingesetzt. Erst fügte er sich widerwillig, doch schon nach den ersten Stunden, in denen er Deutsch gab, spürte er etwas Erregendes, das ihm das Vermitteln seines Wissens einbrachte. Die meisten Schüler akzeptierten den strengen Lehrer, und es gab keinen, der die Schule »sprachlos« verließ.

Auch hatte Vater versucht, Mutter zum Lesen von Büchern, die über die übliche Unterhaltung hinausgingen, zu verführen. Anfangs ließ sie sich darauf ein, doch es fiel ihr schwer. Komplizierte Satzfügungen verstand sie nicht, sie vergaß die Inhalte. Sie dachte mehr ans Nähen als ans Lesen. Die Buchseiten fühlten sich in ihren Händen an wie dicht gewebter Stoff, aus dem sie etwas schneidern könnte. Nach einigen Versuchen, die Verlobte auch geistig auf seine Seite zu ziehen, hatte Vater aufgegeben. Er erließ ihr die Lesestunden und rechtfertigte diesen Erlass sich selbst gegenüber, indem er kalauerte: »Stütze oder Stümper sein, das ist hier die Frage.«

Hannelore Schetelich, geborene Metz.

Hatte Vater gute Laune, nannte er sie »mein kleines artiges Frauenzimmer«.

---

1 Semantiker: hier etwa: jemand, der die Bedeutung von Wörtern kennt
2 Metze: veraltet für *Prostituierte*

Im Alter von sieben Monaten sagte ich das erste Wort: »Aa-der.«
Vor den Lehrerkollegen behauptete Vater: »Meine Tochter spricht.«

Er war über mein erstes Wort so glücklich, dass er mich zur Belohnung mit ins Lehrerzimmer nahm. Das Lehrerzimmer war Vaters privater Arbeitsraum in der Wohnung. Er trug mich auf dem Arm in sein Refugium[3] und setzte mich auf einen Stuhl neben den Schreibtisch. Wenn er Schüleraufsätze korrigierte oder den Unterricht für den nächsten Tag vorbereitete, warf er zärtliche Blicke auf mich.

»Meine liebe kluge Wanda.«

Er wollte, dass ich ihm beim Korrigieren zusehe. Er korrigierte meine Sitz- in eine Stehposition, so dass ich den Schreibtisch überblicken konnte. Vater wies auf die Hefte und sagte: »Sieh mal, wie viele Fehler meine Schüler machen. Sie sind viel dümmer als du.«

Er steckte sich eine Zigarette an, zeichnete mit roter Tinte Häkchen und Wellenlinien in die Hefte und murmelte: »Falsch, falsch, falsch.«

War Vater mit Korrigieren fertig, zeigte er mir immer aufs Neue sein Reich. Da war die eiserne Schreibmaschine: ein Ungetüm, das mir Angst machte, vor allem wenn Vaters Finger darauf hämmerten. Da war der große Globus, den ich gern berührt hätte, aber nicht durfte. Da war der bauchige, wassergefüllte Glasballon mit aufragender Schnauze: das Goethebarometer[4]. Auf das Goethebarometer war Vater stolz, als hätte er es persönlich vom Dichter geerbt.

Und da waren die Bücher: vier Wände voller Bücher, bis zur Decke hoch. In Höhe meiner Augen befand sich Vaters größter Schatz: Grimms Wörterbuch[5] in sechzehn schweren Bänden. Das blaugraue Leder mit Golddruck beeindruckte mich. Schlug Vater einen dieser Bände auf, entstieg ihm ein geheimnisvoller Geist, der wie eine Mischung aus saurer Milch und Farbkasten roch. Ich starrte fasziniert darauf. Das Gedruckte tanzte mir vor Augen. Tief atmete ich den Geist ein und hoffte, er würde sich zu Bil-

---

3 Refugium: Zufluchtsort, -stätte
4 Goethebarometer: siehe Materialteil, S. 56
5 Grimms Wörterbuch: 1838 begannen die Gebrüder Jacob und Wilhelm Grimm mit der Erstellung eines Deutschen Wörterbuchs, in dem alle Wörter der deutschen Sprache (mit Herkunft und Gebrauch) verzeichnet sein sollten.

dern formieren. Wenn ich ihn sähe, dachte ich, könnte er mit mir spielen.

Indes spielte Vater mit mir.

»Was will Wanda wissen?«

Das Buch, auf das ich zufällig zeigte, nahm er aus dem Regal, fasste meinen Zeigefinger und führte ihn über den Buchdeckel: »L-e-s-s-i-n-g«, buchstabierte er, oder: »G-o-e-t-h-e«, oder: »D-u-d-e-n.«

Spielte ich das Spiel mit, indem ich jauchzte oder gar versuchte, die Buchstabenfolgen lautlich zu imitieren, küsste mich Vater. Begann ich zu weinen, übergab er mich sogleich meiner Mutter.

»Du überforderst das Kind«, rügte sie ihn.

Er entgegnete: »Ich gebe Wanda nur Nachhilfe.«

Wann immer Vater Zeit hatte, las er mir vor. Anfangs waren es Bilderbücher. Die Geschichten mit ihrem beschränkten Wortschatz wurden bald von Höherem abgelöst. Mit drei Jahren lauschte ich »Pinocchio«, »Robinson«, »Tom Sawyer« oder der »Schatzinsel«. Ja, ich lauschte. Verstand ich auch nicht den Inhalt der Bücher, so vernahm ich doch Vaters tief tönende Stimme. Von deren Klang ließ ich mich mitreißen, formte mit den Lippen die Vokale nach und liebte die schweren, zu Boden fallenden ersten Silben.

Le-ssing. Goe-the. Schil-ler. Hei-ne. Grimm, der Geist.

Es folgten Gedichte. Er verlangte, dass ich Gedichte auswendig lerne. Ich tat es. Es war aufregender, als nur zuzuhören. Ich selbst war es, die nun sprach. Besonders gefielen mir Reime. Sie beruhigten mich und hielten unsere Leselernstunden in Harmonie. Nach jeder erfolgreichen Rezitation durfte ich endlich den Globus drehen, und Vater setzte mich auf das Wortkarussell.

Ich besuchte den der Schule angegliederten Kindergarten. Sämtliche Lehrer-, Erzieher- und Hausmeisterkinder gingen in diesen Kindergarten. Zur Hofpause, wenn wir uns auf dem Spielplatz, der vom Schulhof durch einen Zaun getrennt war, tummelten, besuchte mich Vater. Er stellte sich an den Zaun und rief: »Wanda Schetelich, hier ist dein Va-ter!«

Dieser Ruf. Es war sonderbar: Täglich erwartete ich ihn sehnsüchtig. Täglich zuckte ich zusammen, als hätte ich eine Maulschelle bekommen. Dabei schlug Vater nie. Vermieden es andere Eltern, ihren Kindern vor der Abholzeit im Kindergarten zu begegnen, zog es meinen Vater zu mir hin. Er rief, und ich folgte dem Ruf.

Ich traf mich regelmäßig mit ihm am Zaun. Er streichelte mir über den Kopf und kniff mich in die Wangen. Er steckte mir manchmal Lakritze zu. Die Hand roch nach Tinte, Zigarette und Süßholz. Ich musste ihm berichten, was wir im Kindergarten lernen. Ich berichtete vom Ringelreihn, Ballspiel und Kasperletheater. Ich berichtete, wie Vater es mir beigebracht hatte: klar artikuliert, in ganzen Sätzen, ohne ins Unwesentliche abzuschweifen. Vater hörte aufmerksam zu. Die Spielchen kamen ihm albern und unter meiner Würde vor. Er beschwerte sich: »Unverantwortlich, wie die Kinder unterfordert werden! Sie müssen viel mehr sprechen und zwar richtiges Deutsch. Sie sind, zum Kuckuck noch mal!, keine Babys mehr.«

Die Erzieherinnen nannten Vater heimlich *den Schädel*. Sie bestanden auf dem Plan, den das Ministerium für Volksbildung[6] als Richtlinie vorgab. Sie behaupteten, ich sei den anderen Kindern voraus, was mich aber in der Gruppe nicht unbedingt beliebt mache.

Ich brauchte die Liebe der Gruppe nicht. Ich hatte Vaters Liebe. Wan-da. Va-ter.

Auch Mutters Liebe besaß ich, nur war diese unscheinbarer.

Mutter war keine Schneiderin geworden, sondern, Vaters Drängen folgend, Schreibkraft im Schulbüro. So war sie in seiner Nähe und doch Welten von ihm entfernt. Zu Hause besaß sie eine fußbetriebene Singer-Nähmaschine, die sie jedoch selten benutzte, und wenn, dann nur zum Einsäumen oder Kürzen. Nach wie vor liebte sie Stoffe. Sie hatte eine Truhe voller Stoffe und wartete darauf, eines Tages daraus etwas nähen zu können.

Vater schenkte Mutter an jedem Geburtstag ein Kostüm aus englischem Baumwolltwill[7], das ihm sein Bruder Johann unter der Hand besorgte. Sie trug die Kostüme bei jeder Gelegenheit: in der Schule, zu Hause, unterwegs, oder wenn wir mit der Familie feierten. Taubenblau, lindgrün, altrosa. Nahm sie mich auf den Schoß, roch Mutters Liebe nach chemischer Reinigung.

War Vater nicht in der Nähe, nannte mich Mutter Wandalein. In Vaters Gegenwart traute sie sich das nicht. Manchmal hörte ich sie seufzen. Sie tat mir leid, und ich wusste nicht warum. Ich fragte: »Was ist?«

---

6 Ministerium für Volksbildung: in der ehemaligen DDR zuständig für Schulen, Hochschulen und Jugendarbeit; Ministerin: Margot Honecker (1963–1989)
7 Twill: Stoff mit bestimmter Webart

»Ach, nichts«, antwortete sie.
Dabei lachte sie, und alles war wieder gut.

Mit Vater fuhr ich Wortkarussell. Jeden Tag. Ich reimte und rezitierte. Ich drehte den Globus, erschnüffelte den Grimm-Geist und beobachtete das Steigen und Fallen der Wassersäule am Goethebarometer.

Beim Schulaufnahmetest stellte man fest: Etwas wie mich kannten sie nicht: Meine sprachliche Begabung sei auf der Höhe eines Fünftklässlers. Mutter seufzte. Vater war stolz auf mich.

Brauchte er eine Gelegenheit, außerhalb der Schule seinen Stolz zu zeigen, lud er die Familie ein. Freunde hatte er keine. Die Familie war sein Bruder Johann und dessen Frau Mandy. Johann, ein feister, maulfauler Mensch, arbeitete als Verkaufsleiter im Centrum-Warenhaus. Zwar verfügte er über Beziehungen zu exquisiter Ware und westlichen Importartikeln, jedoch in keiner Weise zur Geisteskultur. Er und seine Frau lasen keine Bücher und sprachen ein einfältiges, ungenießbares Deutsch. Trotz dieses offensichtlichen Mangels hing Vater an seinem Bruder und verpasste ihm spaßeshalber den Namen Johann Wolfgang von Schetelich.

Auch Mandy erfuhr eine Höherstufung ihres Namens. Als Semantiker hatte Vater in Erfahrung gebracht, dass Mandy eine englische Kurzform von Amanda ist. Mit der Behauptung: »Auch die Engländer haben einmal Deutsch gesprochen«, taufte er seine Schwägerin um.

Daher hieß Mandy bei uns zu Hause Amanda. Aus mir unerklärlichen Gründen folgten Onkel Johann und Tante Mandy jedesmal der Einladung zur Familienfeier und spielten das Umbenennungsspiel mit. Wahrscheinlich taten sie es um des Friedens willen, und weil es keinen Sinn hatte, Vater davon abzubringen. Auch Mutter ertrug es. Dieser Witz, dieser gelehrte Schalk war es ja gewesen, in den sie sich einst verliebt hatte.

Kerzen wurden angezündet. Es wurde warm in der Stube. Ich roch Mandys Haarlack und den Schweiß, der von Onkel Johanns Kunstfaserhemd aufstieg. Es gab Bier, Brandy und Liköre, damit es lustig blieb. Hatte Vater etwas getrunken, kam jedesmal derselbe Satz: »Die deutsche Sprache ist das schönste Idiom[8] der Welt.«

---

8 Idiom: hier: Sprache, Sprechweise

Und Onkel Johann meinte jedesmal: Es hieße nicht Idiom, sondern Idiot, und mein Vater sei ein solcher. Da wurde Vater böse und räsonierte[9]: »Ich, als gebildeter Mensch, leiste mir gelegentlich das Vergnügen, über die Sprache nachzudenken. Ihr hingegen ...«

Jetzt folgte der Moment, da Waldemar Schetelich nicht nur strenger Kenner, Geisteseremit[10] und Familienschreck sein, sondern sich ganzheitlich zeigen wollte. Natürlichkeit, gepaart mit Ästhetik, gab es auch außerhalb der Sprache. In dieser Hinsicht nahm er sich ebenfalls ein Beispiel an Geheimrat Goethe, dessen Geselligkeit er als vorbildlichen Charakterzug empfand.

Bevor Mutter belegte Brote servierte, inszenierte Vater eine literarisch-musikalische Prozedur à la Goethe. Er versammelte die Familie in der Wohnstube, stellte sich auf den Fernsehhocker und pflegte einleitend zu zitieren:

»Mich ergreift, ich weiß nicht wie,
Himmlisches Behagen.
Will's mich etwa gar hinauf
Zu den Sternen tragen?
Doch ich bleibe lieber hier,
Kann ich redlich sagen,
Beim Gesang und Glase Wein
Auf den Tisch zu schlagen.«[11]

Vater schlug auf den Tisch und donnerte vergnügt: »Tan-zen!«

Der Plattenspieler wurde angestellt. Vater besaß vier Schallplatten: Händels Feuerwerksmusik, Bachs Choräle, Beethovens Neunte und Mahlers Kindertotenlieder. Das Prozedere verlangte, dass Mutter als Erste auf den Teppich musste. Sie beschwerte sich jedesmal: »Nach dieser Musik kann ich nicht tanzen.«

Und jedesmal drohte Vater: »Hannelore Schetelich, geborene Metze!«

Also tanzte Mutter in ihrem taubenblauen, lindgrünen oder altrosa Twillkostüm allein mit sich nach der Musik vom Plattenspieler. Steif, widerwillig, murrend, dass dies doch keine Tanzmusik sei.

---

9 räsonieren: vernünftig reden
10 Eremit: Einsiedler
11 »Mich ergreift, ich weiß nicht wie ...«: siehe Materialteil, S. 57 f.

»Man kann nach jeder guten Musik tanzen«, erklärte Vater und fügte hinzu: »Selbst nach Literatur! Worte haben einen Rhythmus, Worte sind Musik. Wanda, beweise uns, dass man nicht nur nach Bumsmusik tanzen kann.«

Während sich Mutter genervt auf das Sofa fallen und von Mandy alias Amanda einen Apricot einschenken ließ, trat ich auf den Teppich. Vater saß im Sessel, eine Zigarette angezündet, und blickte mich hoffnungsvoll an.

Ich bewies es. Ich bewies es jedesmal. Ich tanzte nach der Feuerwerksmusik, nach den Bachschen Chorälen, nach Beethovens Neunter, sogar nach den Kindertotenliedern. Ich verrenkte meinen Kleinmädchenkörper, so gut ich konnte. Das Popelinekleid knisterte, die Kniestrümpfe rutschten, meine Sohlen brannten. Meine Haare leuchteten unter der als Scheinwerfer auf mich gerichteteten Stehlampe.

»Entzückend!«, rief Vater.

Er war so hingerissen von meinen Bewegungen, dass er einmal seine Zigarette vergaß, und die herabfallende Ascheglut ein Brandloch in den Teppich sengte.

Ich tanzte eine zweite, eine dritte Runde. Ich steckte mir bunte Federn vom Indianerschmuck aus der Faschingskiste ins Haar. Vater war begeistert. Er hieß mich seine Squaw oder sein Vögelchen. Am liebsten nannte er mich seine kleine Königin. Fielen mir Federn aus dem Haar, sagte er: »Sie mausert sich.«

Mutter saß mit übergeschlagenen Beinen und reglosem Gesicht auf der Couch. Tante Mandy lächelte. Sie bewunderte ihre Schwägerin wegen dieses gescheiten witzigen Mannes. Onkel Johann alias Johann Wolfgang von Schetelich bekam immer ein knallrotes Gesicht. Ich bildete mir ein: Onkel Johann ist eine Rothaut. Heute weiß ich, dass er es vor unterdrücktem Lachen kaum aushielt.

Mutter war stets die Erste, die nach meiner Vorstellung applaudierte. Ich glaube, sie sah mich als ihre Rettung, denn wenn ich tanzte, zeigte Vater ein ganz samtenes Gemüt. Dabei passte Tanzen gar nicht zu Vater, da er sich selbst niemals auf diese Art bloßstellen würde.

Ich fühlte mich beim Tanzen leicht, unangestrengt, wie jemand, der sich einer Liebe für alle Ewigkeit sicher sein konnte. Diese Liebe galt Vater, und es ergriff mich, um seinen verehrten Meister zu zitieren, ein himmlisches Behagen.

Am Tag der Republik[12] veranstaltete die Schule ein Fest.
Ich war Schülerin der ersten Klasse und trug sonnenblondes, langes, offenes Haar. Die anderen Mädchen trugen Pferdeschwänze oder zwei seitliche, zu Schlingen hochgefasste Zöpfe, sogenannte Affenschaukeln. Vater meinte: »Affenschaukeln passen nicht für eine Wanda Schetelich.«
Mutter entgegnete: »Wenn Wanda Affenschaukeln will, soll sie welche tragen.«
»Hannelore Schetelich, geborene Metze!«
Die Ermahnung genügte, um Mutters Widerspruch verklingen zu lassen. Ich tröstete Mutter, weil sie sich umsonst für mich eingesetzt hatte. Ich wollte sowieso keine Affenschaukeln. Ich wollte auch am Tag der Republik Vater gefallen.
Das Fest auf dem Schulhof erschöpfte sich in Fahnenhissen und im Auftritt eines Kindertambourmajors[13], der einen Schellenbaum vor sich hertrug. Während des Appells stand Vater neben den Schülern der höheren Klassen. Sein Gesicht war ernst, wie versteift. Ich kannte dieses Gesicht. Er setzte es immer auf, wenn er etwas verabscheute.
Fahnenappell und Schellenbaum waren für Vater Inbegriffe geist- und sprachloser Demonstration. Zur Feier der Republik erwartete er etwas mit Anspruch. Doch auch die Rede des Direktors sowie die ausdruckslosen Rapports der Pionierleiter und Gruppensekretäre[14] konnten sein Gesicht nicht erweichen. Vater litt. Er schaute zu mir herüber, wie ich in der ersten Reihe stand, mit langem, sonnenblondem, offenem Haar und ihm zuzwinkerte. Still, verschwörerisch, seine kleine Königin.
Nachdem das Scheppern der Glocken und Schellen verklungen war, gab es für die Schüler Kekse, Milch und Völkerball. Ich aber wurde ins Lehrerzimmer befohlen. Nicht in Vaters Arbeitszimmer, sondern in den Raum, wo sich die Lehrer der Schule in der Pause aufhielten. Wo sie Kaffee tranken, rauchten, redeten. Wo Schüler keinen Zutritt hatten. Wo über sie befunden wurde, gut

---

12 Tag der Republik: Feiertag in der ehemaligen DDR aus Anlass der Staatsgründung am 7. Oktober 1949
13 Tambourmajor: Leiter eines Spielmannszuges
14 Pionierleiter, Gruppensekretäre: Die Pionierorganisation »Ernst Thälmann« war eine sozialistische Massenorganisation der Kinder ab dem 6. Lebensjahr unter der Leitung der FDJ (vgl. S. 23); der Pionierleiter ist ein ausgebildeter Pädagoge und Mitglied im Schulkollegium, es gab in der ehemaligen DDR ca. 4400 Pionierleiter.

oder schlecht. Ich aber sollte als Erstklässlerin am Tag der Republik das Lehrerzimmer betreten dürfen und sollte – das war meinem Vater in den Kopf geschossen – vor dem Lehrerkollektiv sein Lieblingsgedicht rezitieren.

»Geh, ge-hor-che mei-nem Win-ken«[15], skandierte er mir ins Ohr.

So begann eines jener Gedichte, von denen Vater überzeugt war, dass es der Geheimrat nachträglich *ihm*, dem Deutschlehrer Waldemar Schetelich, persönlich auf die Seele geschrieben hatte:

Geh, gehorche meinem Winken,
Nutze deine jungen Tage,
Lerne zeitig klüger sein.
Du musst steigen oder sinken,
Du musst herrschen und gewinnen,
Oder dienen und verlieren
Leiden oder triumphieren,
Amboss oder Hammer sein.

Das Gedicht stand im Lehrplan der neunten Klasse. Ich konnte es bereits in der ersten auswendig. Es trug den Titel »Ein Andres«. Jeder Vers begann mit einem schweren trochäischen Takt. Heute weiß ich: Das Andre, das Vater in mich hineinhämmerte, das sollte ich sein. Ich war die mit der außergewöhnlichen sprachlichen und musikalischen Begabung, die Tochter des Deutschlehrers.

Geh, gehorche meinem Winken.

Ich stand an der Schwelle zum Lehrerzimmer. Ich kannte jede Zeile. Jede Hebung, jede Senkung.

»Zeig's ihnen, Wanda. Die können von dir noch was lernen«, ermunterte mich Vater.

Nicht nur die Kindergärtnerinnen, auch seine Lehrerkollegen nannten ihn heimlich *den Schädel*. Mir wurde plötzlich heiß. Schmerz hämmerte in den Schläfen. Auf und im Kopf loderte es. Ich öffnete den Mund und versuchte mich in den ersten Reim zu retten. Vater riss die Tür auf. Da saßen sie alle, um mir zu lauschen. Um den Tag mit einem gewissen Anspruch ausklingen zu lassen.

Nutze deine jungen Tage.

Ich konnte das Zimmer nicht betreten, verstand mich selbst nicht. Verspürte nur den Drang, Vaters Wunsch zu erfüllen.

---

15 Ein Andres: »Geh, gehorche meinem Winken …«: siehe Materialteil, S. 59

Lerne zeitig klüger sein.
Ich sagte: »Ich muss aufs Klo.«
Die Lehrer lächelten. Auch Vater lächelte, und lächelnd korrigierte er: »Es heißt Klosett, auf Deutsch: Abort.«
Á-bort – mit Betonung auf der ersten Silbe.
Im Lehrerzimmer lachte jemand laut auf. In diesem Moment lief ich davon. Durch die hallenden Gänge, drei Treppen hoch, an der Wandzeitung, am Abort vorbei, ins Sekretariat. Dort saß Mutter an der Schreibmaschine. Sie trug ihr altrosa Kostüm.
»Na?«, fragte sie, als wüsste sie Bescheid.
»Ich kann nicht«, stieß ich hervor.
Du musst steigen oder sinken.
Mutter versteckte mich im Kleiderspind. Kaum hatte sie den Spind abgeschlossen, betrat Vater das Sekretariat.
»Wanda ist weg!«
Mit angehaltenem Atem verharrte ich im Dunkeln und hörte Mutter fragen: »Was hab ich damit zu tun?«
Vater sollte mich erst abends wiedersehen. Zu Hause, wo von diesem Tag an alles verändert war.

Vater war ein wildes Tier geworden. Schnaubend lief er durch die Wohnung. Den Krawattenknoten gelöst, das Hemd hing aus der Hose. Seine Nase blutete, wie nach einer Prügelei. Dabei schlug Vater nie. Auch mich schlug er nicht nach jenem verhängnisvollen Tag. Dabei hätte ich eine Ohrfeige verdient gehabt, und es wäre besser gewesen als alles, was danach kam.
Mutter folgte Vater auf seiner Spur. Sie versuchte ihn zu beruhigen: »Nun sei doch nicht so dramatisch, Waldemar! Wanda hat sich vor den vielen Lehrern geschämt. Sie ist in der ersten Klasse, da ist es völlig normal, wenn man Angst hat.«
»*Ich* habe mich geschämt!«, brüllte er, »*ich* hatte Angst! Wo kommen wir hin, wenn schon Erstklässler winzigsten Anforderungen nicht Folge leisten? Wenn sie zwar können, aber nicht wollen? Dieses kleine Weib hat mich bloßgestellt und bald, das schwöre ich, wird mich jedes Weib bloßstellen!«
»Ach, Waldi«, seufzte Mutter.
Sie zuckte zusammen, da ihr das böse Wort entfahren war. Diesmal blieb der Anwurf, sie sei eine geborene Metze, aus. Vater ging in sein Lehrerzimmer und schloss die Tür hinter sich zu.
Kleines Weib hatte er mich geschimpft. Auch diesen Ausdruck musste er einem Klassiker entlehnt haben. Vater blieb im Lehrer-

zimmer. Stunde um Stunde. Ich stand vor verschlossener Tür und heulte.

»Er meint's nicht so«, tröstete Mutter, »er hängt halt an seinem Beruf.«

Sie ging mit mir in die Wohnstube, setzte sich auf den Sessel und mich auf ihren Schoß. Ihre Liebe roch diesmal eher frisch, nach Apfel. Dass Mutter jedoch gewagt hatte, sich auf Vaters Stammplatz niederzulassen, machte mir diese Liebe verdächtig. Vater verließ das Lehrerzimmer noch immer nicht.

»Er meint's nicht so«, wiederholte Mutter.

Vater strafte uns nicht mit boshaften Worten. Er ließ uns allein. Als er selbst zum Abendbrot bei sich blieb, hielt ich es nicht mehr aus. Ich wollte mich bei ihm entschuldigen, aus tiefster Seele heraus Reue bekennen, vor ihm tanzen und rezitieren, was immer er verlangte. Vor allen Lehrern der Welt hätte ich nun Gedichte vorgetragen, wenn nur Vater aus seinem Zimmer herausgekommen wäre.

Ich drückte vorsichtig die Klinke nieder. Sie gab nicht nach. Hinter der Tür hämmerte die Schreibmaschine. Ich klopfte, pochte, schlug mit der Faust ans Holz. Da hörte ich Vaters Stimme: »Ruhe!!«

Ruhe war das Schlimmste. Sie trat ein, als das Brüllen vorbei war. Das wilde Tier war friedlich geworden und aus seinem Revier herausgekommen. Ich wollte an ihm hochspringen, ihm um den Hals fallen, das Wortkarussell besteigen. Auch das *kleine Weib* hätte ich hingenommen; ohne zu wissen, was das bedeutet.

Vater ließ mich nicht an sich hochspringen. Er verbot mir das Lehrerzimmer zu betreten. Der Globus stand still. Die Wassersäule im Goethebarometer stieg und sank ohne mein Zusehen. Der Grimm-Geist war verflogen. Es gab nichts mehr vorzulesen oder auswendig zu lernen oder sonst irgendetwas, für das Vater seinen Ehrgeiz verwendet hätte. Er war ausdauernd in seiner Strafe. Selbst Familienfeste fanden nicht mehr statt. So sehr ich ihn anflehte, mir zu sagen, was ich tun könnte, um alles wiedergutzumachen – er nahm uns alle nicht mehr wahr.

Nachdem Wochen in dieser unaufgeklärten schweigsamen Atmosphäre vergangen waren, reichte es Mutter.

»Waldemar«, sagte sie streng, »so geht es nicht weiter. Wie kann man dem eigenen Kind ewig übelnehmen, dass es ein einziges Mal nicht das getan hat, was du verlangt hast?«

Vater steckte sich eine Zigarette an und erklärte ruhig: »Siehst du, Hannelore Schetelich, geborene Metz, das ist es, was ich vorausgesagt habe.«

»Was hast du vorausgesagt?«

Vater verdrehte vorwurfsvoll die Augen. Was er einmal geäußert hatte, musste man sich merken.

Wenig später geschah noch ein anderes Unglück. Jeden Samstagnachmittag kehrte Mutter die Wohnung mit dem Besen durch und wischte Staub. Jeden Samstagnachmittag besaß sie Vaters Erlaubnis, zu diesem Zweck das Lehrerzimmer zu betreten. Jedesmal ging alles gut. Bis auf den Tag, wo das Glas mit der roten Tinte umkippte. Die Tinte ergoss sich über die Schulhefte, die zur Korrektur auf dem Schreibtisch lagen. Ich hörte Mutters Aufschrei, eilte ihr zu Hilfe und sah: tiefrot, glänzend wie frisches Blut war die Tinte über die Hefte gelaufen, tropfte die Tischplatte herab aufs Parkett. Eine Lache *FalschFalschFalsch,* die ich fasziniert anstarrte. Ich wusste sofort: So viel Scham konnte Mutter gar nicht aufbringen, wie dieses Unglück herausforderte.

Ich lief nach einem Lappen. Als ich damit zurückkam, stand Vater bereits vor der Katastrophe. Wie ein Schulmädchen zupfte Mutter an der Schürze, die sie über ihrem lindgrünen Kostüm trug, und erwartete seinen Wutausbruch. Doch Vaters erhobene Hand blieb auf der Höhe ihres Gesichtes in der Luft stehen.

Er kniff Mutter in die Wangen, wie er es früher mit mir getan hatte. Er sagte: »Hannelore Schetelich, geborene Metz, nimm's mir nicht übel, aber so eine symbolische Tat steht dir nicht. Was soll das sein? Vergossene Liebe? Zerfließender Schmerz? Das Feuer deiner Begeisterung für mich, das du mir auf diese aufdringliche Art zeigen willst? Oder hast du gar vorgehabt, dich in einen Martin Luther[16] zu verwandeln? Dazu musst du das Tintenglas aber nach dem Teufel werfen. Ich bitte dich, Hannelore Schetelich, geborene Metz, da hat aber jemand in der Schule nicht aufgepasst!«

Mutter war froh, dass er sie nicht schlug. Er schlug ja ohnehin nie. Und es war der Tag, an dem er mir erlaubte, sein Lehrerzimmer wieder zu betreten.

---

16 Martin Luther: Der Legende nach soll der Teufel Martin Luther im Winter 1521/1522 in seiner Stube auf der Wartburg in Thüringen belästigt haben; der Mönch soll mit einem Tintenfass nach dem Teufel geworfen haben, um ihn zu verscheuchen.

»Sieh nur, Wanda, was deine Mutter angerichtet hat«, klagte er und wies auf die Tintenflecke.

Ich meinte treuherzig: »Ich kauf dir von meinem Taschengeld einen neuen Tisch.«

Mit angehaltenem Atem erwartete ich den Augenblick, da Vater mir verzeihen würde. Und tatsächlich. Er verzog die Mundwinkel, als lächelte er. Auch kniff er mich kurz in die Wangen.

Und doch war nichts wieder wie früher.

Nach wie vor war ich meinen Mitschülern in Deutsch voraus. Ich langweilte mich im Unterricht, da unsere Deutschlehrerin Frau Lambrecht jede Hoffnung, mir etwas beibringen zu können, verloren hatte. Ich beherrschte den kompletten Lernstoff und vieles, von dem Frau Lambrecht noch nie gehört hatte. Die Schulbuchlektüre der niederen Klassenstufen war für mich von unsäglicher Einfalt. Ich wusste von Vater, was gute, spannende Literatur war. Alles, was in der Schule gelesen wurde, versickerte in mehliger Dumpfheit.

Frau Lambrecht gab mir jedes Halbjahr in Deutsch eine Eins mit dem Sondervermerk »ausgezeichnet«. Ich ärgerte mich über ihr blindes Vertrauen, das einzig ihrem Respekt vor Vater entsprang. Ich war mir sicher, auch Frau Lambrecht nannte ihn heimlich *Schädel.* Angst hatte sie trotzdem.

Als ich einmal in einen Aufsatz lauter Fehler einbaute und mit krakeliger Handschrift meine Fehlbarkeit markierte, gab mir Frau Lambrecht trotzdem eine Eins. Vater, der die Einser-Aufsätze zu Hause stets noch einmal las, mich trotz null Fehler korrigierte, duldete die Provokation nicht.

»Die Lambrecht ist beschränkt, aber es gefällt mir nicht, wenn du dich auf so billige Weise querstellst. Hast du kein Schamgefühl, Wanda?«

Ich hatte keins. Ich hatte überhaupt keine Gefühle mehr. Mir war, als hätte ich mich vollkommen in einem falschen Leben, in einer unbegreiflichen Zeit verloren. Diesem Verlust versuchte ich damit zu begegnen, dass ich zu schreiben begann. In eigenem Auftrag, im Schein der Taschenlampe unter der Bettdecke, mit Bleistift in ein Schulheft, etwas Spannendes, Schlimmes. Etwas, das ungesehen von Vater, Mutter, Lehrern blieb.

Was Waldemar Schetelich von Geheimrat Goethe unterschied, war sein Verhältnis zum Reisen. Vater hasste Reisen. Er meinte, er würde sich im Falle einer solch unnützen Bewegung im eingezäunten Areal eines Zwergenlandes[17] gedemütigt vorkommen. Stünde ihm, wie Goethe, die Welt offen, wäre das etwas anderes. Natürlich sprach Vater seinen Missmut nicht offen aus, aber er ließ ihn uns, seine Familie, jedesmal vor Beginn der Ferien deutlich wissen. Und jedesmal, wenn Onkel Johann und Tante Mandy uns vom Erzgebirge, der Hohen Tatra oder vom Schwarzen Meer Ansichtskarten schickten, polterte er: »Diese Spießer! Diese Touristen!«

Das Wort Tourist wurde für Vater zum Schimpfwort. Er verband es mit den nichtssagenden Worten, die er auf den Ansichtskarten las. Er schickte seinem Bruder und seiner Schwägerin als Antwort eine Postkarte, auf die er mit roter Tinte schrieb: *Das Wetter ist schlecht, das Essen reichlich, viele Grüße aus dem Lehrerzimmer, Euer Waldemar.*

Jahr für Jahr blieben wir in den Sommerferien zu Hause. Nicht mal die Ferienspiele im Hort durfte ich besuchen. *Pioniermist* nannte Vater dieses Betreuungsprogramm. Vom ersten Ferientag an saß er über seinen Büchern und las uns aus Goethes Reiseberichten vor.

Diese Literatur, dozierte er, würde uns um ein Mehrfaches mit der Welt vertraut machen, als in überfüllten Zügen in irgendein Nest oder gar Gewerkschaftsheim zu fahren, wo man mit hunderten anderen Touristen vierzehn Tage lang zu militärisch festgesetzten Zeiten Gräupcheneintopf[18] löffeln muss.

»Heutzutage gibt es nicht nur Gräupcheneintopf«, versuchte Mutter Vaters harsche Sicht zu relativieren, »außerdem können wir auch privat reisen oder zelten.«

»Zelten! Sind wir vielleicht Nomaden?«, zischte Vater und verschwand wieder im Lehrerzimmer.

Mutter pflanzte auf unserem kleinen Balkon Pelargonien, Petersilie und Schnittlauch. Wurde ihr gar zu eng ums Herz, ging sie in den Stadtpark. Ich begleitete sie manchmal dorthin. Wir liehen uns ein Ruderboot und drehten auf dem Schwanenteich ein paar Runden. Es machte Spaß. Gleichzeitig schämten wir uns für dieses billige Vergnügen.

---

17 eingezäuntes Areal eines Zwergenlandes: deutliche Anspielung auf die Abgrenzung der DDR zur Bundesrepublik durch eine scharf bewachte, unüberwindliche Grenze
18 Gräupchen: Verkleinerung von *Graupe*, Getreideart

»Rudern ist erholsamer als jeder andere Urlaub«, sagte Vater, wenn wir ihm, halb ketzerisch, halb vorwurfsvoll von unserer Tour berichteten.

»Aber immer dasselbe«, maulte ich.

Vater korrigierte: »Es heißt immer das Gleiche. Eure Ausflüge gleichen einander, aber sie sind niemals dieselben.«

Verließ Vater sein Lehrerzimmer, tat er es, um für Bildungsnachschub zu sorgen. Aus der Stadtbibliothek brachte er nicht nur für sich, sondern auch für mich stapelweise Lektüre mit. Wenn er Qualität vermutete, kaufte er sogar ein Buch im Buchladen. Das verpackte er dann in Geschenkpapier und überreichte es mir. In solchen Momenten verströmte Vater eine rührende Wärme, und ich verzieh ihm, dass er seine Familie nur im Geiste verreisen ließ.

Einmal machte er ein weiteres Zugeständnis und lud uns zu einem abendlichen Ausgeherlebnis ein: in den Klub des Kulturbundes[19]. Ein Dia-Bild-Vortrag über mongolische Hirten sollte unser Fernweh stillen, ein anschließendes Essen im Interhotel[20] unser Bedürfnis nach väterlicher Großherzigkeit. Und tatsächlich: Die Bilder von Steppen, Jurtedörfern[21] und Kamelen begeisterten mich. Mutter war vor allem über die bunten Gewänder der Mongolen entzückt. Vater hingegen saß mit verschränkten Armen und halbgeschlossenen Augen zwischen uns, als wollte er sagen: Folklore ist noch keine Kultur, aber wenn ihr euch daran ergötzen könnt – bitteschön.

Trotz dieser gelegentlichen Auflockerungen unseres tristen Ferienalltags harkte Mutter die Blumenerde in den Balkonkästen und litt. Ich las und schrieb viel, langweilte mich dennoch. War mein Geist müde, lungerte ich auf Spiel- und Wäscheplätzen herum, in der Hoffnung, jemanden, den ich kannte, zu treffen. In der Schule verstand ich mich mit meinen Klassenkameradinnen ganz gut, hatte aber keine richtige Freundin.

Niemand wollte mit der Tochter *des Schädels* in seiner Freizeit zu tun haben.

Nach mehreren zu Hause verbrachten Sommerferien begann ich mich zu beschweren. Ich wollte unbedingt verreisen. Und wenn die Familie nicht wolle, dann sollte sie mich wenigstens für

19 Kulturbund: Massenorganisation für kulturschaffende und kulturinteressierte Bürger in der ehemaligen DDR, ca. 195 000 Mitglieder
20 Interhotel: Bezeichnung für die repräsentativsten volkseigenen Hotels der ehemaligen DDR (es gab ca. 27 Interhotels mit ca. 13 000 Betten)
21 Jurte: runde Filzhütte mittelasiatischer Nomaden

zwei Wochen in ein Ferienlager schicken. Mutter fand den Vorschlag gut. Vater echauffierte sich: »Ferienlager! Habt ihr dieses Wort einmal genau untersucht? Ferien-la-ger. Ich schicke meine Tochter in kein La-ger.«

»Waldemar, nun sei doch nicht bei jedem bisschen so misstrauisch«, bat Mutter.

»Ach bitte«, flehte ich. »Ach bitte, bitte, Vater!«

Vater beschloss: Ich sollte das Erlebnis haben. Vor den nächsten großen Ferien meldete er mich an. Aber nicht für ein gewöhnliches Kinderferienlager, wie es jeder größere Betrieb besaß, sondern für ein Pionierlager[22] an der Ostsee. Ich jubelte. Ich hatte es geschafft: Ich durfte die Ostsee sehen.

»Komm mir ja nicht mit Heimweh«, sagte Vater, der mich persönlich zum Sammelpunkt an den Busbahnhof brachte.

Er steckte mir dreißig Mark Taschengeld sowie eine Tüte Lakritze zu.

»Mach's gut, Wanda, und schreib mal!«

Ich dachte erst, er hätte sich besonnen. Ich hoffte, dass Vater mir meinen Wunsch aus reinem Herzen erfüllt hätte, doch es stellte sich etwas ganz anderes heraus.

Schon die Hinfahrt war eine Strafe. Während der sechsstündigen Reise wurden wir Kinder von den Erziehern aufgefordert zu singen. *Der Koffer macht den Rachen breit / komm mit, es ist so weit!* Die Kinder sangen und sangen. Der Bus ruckelte über die Landstraßen. Ich wollte nur aus dem Fenster sehen, still für mich genießen, wie Felder, Wälder, Wiesen vorbeizogen und die Welt sich weitete, flirrend wie die mongolische Steppe. Ich hatte keine Lust, in die Lieder der meist ferienlagergeübten Kinder einzustimmen, zumal ich die Melodien nicht kannte. Auch wurde mir von dem Geschaukel übel. Der Bus musste anhalten, damit ich aussteigen und kotzen konnte. Spott und Gelächter. Nach der Weiterfahrt wurden Kekse, Äpfel und kalter Tee ausgeteilt, und die Kinder sangen und sangen.

Das Pionierlager begrüßte uns mit im Wind knallenden Fahnen. Es stürmte und klirrte derart, dass man uns erst aus der Lärmzone bringen musste, um dann, nach Alter gestaffelt, in Gruppen aufzuteilen. Ich kam in die mittlere Mädchengruppe,

---

22 Pionierlager: In den zentralen Pionierferienlagern wurden die außerschulischen Arbeitsgemeinschaften und das Geländespiel gepflegt.

die in meiner Erinnerung aus lauter kichernden Zicken bestand. Die Gruppenleiterin, eine kleine mäuseflinke Berlinerin, stellte sich so vor: »Ick bin Steffi, und wo Steffi is, da wird jespurt.«

Sie forderte mich auf, ihr die Tüte Lakritze zu geben, die ich die ganze Zeit in der Hand hielt. Unter Pionieren, meinte sie, würde alles geteilt. Schon hatte sie die Lakritzstückchen an die Mädchen ausgegeben. Jedes bekam drei Stück, ich auch. Tränen schossen mir in die Augen. Was, dachte ich, wollen die blöden Zicken mit Vaters Liebesgaben!

Wir sollten fröhlich sein und unbedingte Gemeinschaft lernen. Ich wollte nur die Ostsee sehen. Die Ostsee, die mir aus Büchern und Berichten bekannt war, und die ich doch nicht kannte. Das Geschenk meines Vaters. Die Ostsee war unsichtbar hinter dem Lager, begrenzt von einem Drahtzaun und einem engen Spalier Kiefern. Ich versuchte das Meer zu erlauschen. Das Klirren der Fahnenstangen, der Sturm und das Lärmen der Kinder verhinderten es.

Vor jedem Mittagessen blies ein Fanfarentrio. Ich dachte an Vater, der solche Töne hasste. Ich fragte mich, warum er mich trotzdem hierhergeschickt hatte. Doch Vater war weit weg und gab keine Antwort. Die Fanfaren stießen ihre Signale in den Himmel und rissen die Sturmwolken auf. Wie auf dem Emblem der Pionierorganisation, das riesig das Lagertor zierte, begann die Sonne zu scheinen. Der Lagerleiter rannte aufgeregt über den Platz. Steffi klatschte in die Hände: »Dawei[23], Kinder, dawai!«

Wir schliefen in Mannschaftszelten der Nationalen Volksarmee[24]. Ich hatte mir die obere Etage eines Stockbettes ausgesucht. Diese Wahl bescherte mir doppelte Mühe: ohne Leiter hinaufzukommen und morgens das Bett so herzurichten, dass es Steffis Ordnungsansprüchen genügte.

Als ich am Ankunftstag meinen Koffer öffnete, fand ich obenauf die sorgsam gefaltete weiße Pionierbluse, das rote Halstuch der Thälmannpioniere[25] und, in akkurater Handschrift mit roter

---

23 Dawei, dawai: russ. *los, auf geht's*
24 Nationale Volksarmee: Armee der ehemaligen DDR, gegründet 1956
25 Thälmann: Ernst Thälmann (geb. 16.4.1886, ermordet am 18.8.1944 im KZ Buchenwald) von 1924 bis 1933 Mitglied des Reichstages der Weimarer Republik sowie von 1925 bis 1933 Vorsitzender der Kommunistischen Partei Deutschlands

Tinte verfasst, die Anleitung zum Binden des Halstuchknotens. Vater verachtete alles, was mit Pionieren oder der Freien Deutschen Jugend[26] zu tun hatte. Ihre Rituale und Uniformen waren bei ihm verpönt, obgleich Vater darauf bestand, dass ich zu jeglichen vorgegebenen öffentlichen Anlässen den Firlefanz zu tragen habe. Er sei schließlich Lehrer. Ich hielt seine Anleitung zum Knotenbinden in der Hand und heulte.

Meinen ersten Blick auf die Ostsee werde ich nie vergessen: eine endlose bewegte Fläche grauen Wassers, das rauschende Pulsieren des Wellenschlages, der Geruch nach Fisch und Tang, der Flug der Möwen gegen den Wind – so eine Möwe wollte ich sein! Und wie ich mit meinen nackten Füßen den Sand betrat und bis zu den Knöcheln darin versank, und die Muscheln: weiße und rosa Herzen, auch dicke blauschwarze Muscheln, die, an Land liegend, noch lebendig waren.

Alles andere, was ich von den zwei Wochen Pionierlager behalten habe, kann ich nur schwach erinnern. Da waren Frühsport, Appelle, Bastelnachmittage, Wanderungen und das Knoten des Halstuches. Das Neptunfest, bei dem mich die Häscher fingen, mit voller Montur ins Meer warfen und danach mit einem Brei aus gepfeffertem Blasentang[27] fütterten. Nachtwachestehen erinnere ich, Pferdebremsen, Marmeladenbrötchen, Malzkaffee, Fröhlichsein. Dieses andauernde Fröhlichsein. Dieses Singen und Tanzen, das, wenn es mein Vater gesehen, er mit hämischem Gelächter quittiert hätte. Ich sang nicht. Ich tanzte nicht. Ich schloss keine Freundschaften. Beim Baden in der See störten mich die Quallen. Und Steffi störte, die ihre Mädchengruppe jede Minute bewachte.

»Ick weeß nich, wat mit dir los is«, blaffte sie mich an, »aba für Lehrakind biste nich janz off der Höhe det Jeschehens. Oder denkste, datte wat Besseres bist, hm?«

Ich war etwas Besseres. Hier im Lager spürte ich es in jedem Moment, dass ich mich mit keinem anderen Menschen gemeinmachen konnte. Dabei wollte ich doch nur endlich einmal etwas erleben. Meine Ferien mit Abenteuern ausfüllen. Ein Stück Welt sehen.

---

26 Freie Deutsche Jugend (FDJ): einzige zugelassene Jugendorganisation der ehemaligen DDR, gegründet 1946
27 Blasentang: Blaualgenart

Ich schrieb nach Hause eine Ansichtskarte voll Heimweh. Steffi, die alles las, bevor es auf die Post gegeben wurde, zerriss die Karte und gab mir eine neue. Sie sagte: »Mach dir nich ins Hemd, Wanda.«

Die letzten Tage des Lageraufenthaltes verbrachte ich im Sanitätszelt mit Fieber, das von entzündeten Bremsenstichen herrührte. In feuchte Tonerdetücher gewickelt, weinte ich so ausgiebig, dass die Lagerleitung nach Hause telegrafierte, man möge mich abholen. Das Telegramm, mit dem Vater antwortete, lautete: *Keine Zeit. Stop. Gute Besserung. Stop. Ahoi Vater.*

Also kurierte ich mich im Lager aus und fuhr mit den anderen nach Hause. Vater holte mich am Busbahnhof ab, lächelte spöttisch, verlor aber kein Wort mehr über das Pionierlager.

»Hat es dir nicht wenigstens ein bisschen gefallen?«, erkundigte sich Mutter.

Sie hatte meinen Lieblingskuchen gebacken und war sichtlich erleichtert, dass ich noch am Leben war. Ich nickte. Ja, ein bisschen hat es mir gefallen. Ich holte Muscheln, einen winzigen Bernstein und einen Hühnergott[28] aus dem Koffer und erzählte Mutter vom Schlagen der Ostseewellen.

Am nächsten Morgen gab es in Sachen Reisen einen Nachschlag. Vater verkündete: »Wir fahren nach Weimar!«

Wei-mar. Drei Tage vor Ende der großen Ferien unternahmen wir unseren ersten und letzten gemeinsamen Familienausflug. Weimar war Goethe, und Goethe die einzige Berechtigung für Vater, sich vom Heimatort fortzubewegen.

Die gesamte Zugfahrt hindurch rezitierte er voller Inbrunst den Altmeister. Dabei war er so feierlich gestimmt, dass er Mutter und mich mit seiner Begeisterung ansteckte. Ich ahnte, dass diese Reise eine Entschuldigung sein sollte für das, was ich im Pionierlager als Strafe für meine dummen Sehnsüchte ertragen hatte. Mutter, die von Vater für die Reise extra ein neues Kostüm bekommen hatte, wurde wieder zuversichtlich, doch den richtigen Mann geheiratet zu haben.

Standesgemäß fuhren wir mit dem Taxi vom Bahnhof bis zum Interhotel »Elephant«[29]. Da stiegen wir ab. Noch bevor wir aber den Koffer auspacken durften, beorderte uns Vater im Zimmer zu einer

---

28 Hühnergott: Lochstein (für Amulett)
29 Interhotel »Elephant«: berühmtes Hotel im Zentrum Weimars

Lesung aus Thomas Manns Roman »Lotte in Weimar«[30]. In dem Roman wurde unserem Hotel ein Denkmal gesetzt. Vater schloss die Lesung mit den Worten: »Damit ihr wisst, wo ihr euch befindet.«

Am Nachmittag waren wir bei Goethe geladen. Ich weiß nicht mehr, wie lange Vater uns um das Dichterdenkmal herumführte und worüber er referierte. Ich weiß nur noch, dass ich Hunger hatte, und meine arme Mutter mit einem abgebrochenen Schuhabsatz neben uns her hinkte. In Goethes Haus am Frauenplan[31] verbrachten wir weitere Stunden, wobei Mutter versuchte, Goethes Gartenhaus samt Park zu favorisieren. Vaters Verdacht, dass wir uns mit dem Gartenhaus nur der Bildung entziehen und schwärmerisch der Natur hingeben wollten, stimmte. Vater gab den Museumsführer und erklärte uns jedes einzelne Exponat[32]. Ich konnte mich vor Erschöpfung kaum auf den Beinen halten. Auch Mutter kämpfte gegen ihren aufsteigenden Protest an. Erst als das Haus am Frauenplan um achtzehn Uhr geschlossen wurde, durften wir es verlassen.

Danach aßen wir im »Elephanten«. Vater zeigte sich großzügig wie noch nie. Mutter bekam Sekt. Ich durfte am Bierschaum lecken. Vater, der gegen seine Gewohnheit Bier trank, tönte ausgelassen durch das Restaurant: »Das Bier schafft uns Genuss, die Bücher nur Verdruss!«[33]

Auch das war Goethe. Der leichte, lockere, volkstümliche Dichter, den uns Vater zum Tagesabschluss präsentierte.

»Na, wie war dein Tag, Hannelore Schetelich, geborene Metz?«, fragte Vater, als wir auf dem Zimmer erschöpft, aber zufrieden in die Betten fielen.

»Wunderbar«, rief Mutter.

Sie nahm die Hand ihres Mannes, drückte sie zärtlich, blickte ihm in die Augen und fügte dem Kompliment hinzu: »So könnte es öfter sein, Waldemar.«

»Na prächtig«, meinte Vater.

---

30 Lotte in Weimar: Roman von Thomas Mann, Erstveröffentlichung 1939; thematisiert wird eine Reise von Charlotte Kestner, geb. Buff, dem literarischen Vorbild der Lotte in Goethes »Die Leiden des jungen Werthers«, nach Weimar im Jahre 1816
31 Goethes Haus am Frauenplan: Dort lebte Goethe 50 Jahre bis zu seinem Tode 1832.
32 Exponat: Ausstellungsstück
33 »Das Bier …«: Trinklied von Goethe: »Bestaubt sind unsere Bücher; / der Bierkrug macht uns klüger. / Das Bier schafft uns Genuss, / die Bücher nur Verdruss!«

Zu mir gewandt fragte er: »Und du, Wanda? Hattest du jetzt dein schönstes Ferienerlebnis?«

Ich tat, was ich das letzte Mal, glaub ich, als Vierjährige getan hatte: Ich fiel Vater um den Hals. Verlegen wehrte er meine Liebkosungen ab. Nachts atmete Vater so sonderbar gequält und mit lauter Aussetzern, dass mir bange wurde.

Am nächsten Morgen, beim Frühstück, erfuhren wir von unserem Reiseleiter, dass es noch nicht nach Hause ging, sondern ein anderes Kapitel der deutschen Geschichte aufgeschlagen würde: Buchenwald.[34]

Der Besuch der Mahn- und Gedenkstätte des Konzentrationslagers war für den Herbst als obligatorischer Klassenausflug vorgesehen. Herr Schetelich, der sich als Deutschlehrer stets vor dieser Exkursion gedrückt hatte, war mit einem Mal der Auffassung, *er* müsse seine Tochter an den berüchtigten Ort heranführen. Nur *er* wüsste, dass es eine unermessliche Distanz zwischen Goethe und dem Grauen, das in Buchenwald zu besichtigen wäre, gäbe. Außerdem würde die Gedenkstätte in vielen Punkten die Ereignisse verfälscht darstellen. Mutter, über Vaters Vorhaben erschrocken, flehte: »Bitte, Waldemar. Mach uns den schönen Ausflug nicht kaputt. Weimar war fabelhaft. Goethe, das gute Essen. Aber nun noch das KZ? Was hast du damit zu tun? Du bist doch sonst kein Freund von Politik.«

»Politik?!«, brüllte Vater, »sagtest du Politik? Buchenwald ist Geschichte, keine Politik. Den Unterschied müsstest du langsam kennen!«

Die gute Stimmung war dahin. Vater verfrachtete uns in ein Taxi und befahl: »Zum Ettersberg!«

»Wie bitte?«

Der Fahrer legte die Hand an sein Ohr.

»Verstehen Sie kein Deutsch?«, schnauzte Vater.

»Doch, sehr gut sogar. Wohin darf ich Sie bringen?«

»Ettersberg, Buchenwald, Konzentrationslager. Lager, kapiert?«

Der Fahrer steckte sich eine Zigarette an und schaute demonstrativ aus dem Fenster. Vater riss den oberen Hemdknopf auf. Er war am Explodieren. Da schaltete sich Mutter ein und bat den Fahrer mit zitternder Stimme: »Fahren Sie uns in die Buchenwaldgedenkstätte, *bitte.*«

»Na, geht doch!«, rief der Fahrer.

---

34 Buchenwald: siehe Materialteil, S. 70–73

Der Motor wurde gestartet. Nach einer halbstündigen Fahrt waren wir am Ziel.

»Bitteschön.«

Der Fahrer nahm übertrieben dankbar das Geld entgegen. Vater giftete ihm nach: »Trottel! Faschist!«

Wortlos und zielstrebig trieb er uns den Weg vom Parkplatz zur Gedenkstätte hoch. Ich hatte Kopfschmerzen. Es war heiß. Auch Mutter schwitzte in ihrem engen Kostüm und vor Angst, den notdürftig mit Heftpflaster angeklebten Schuhabsatz abermals zu verlieren. Vater trug eine Strickweste über dem Hemd, als wollte er sich freiwillig einer Folter unterziehen. Schnell, aber immer noch stumm führte er uns durch die unwirtlichen Areale der Gedenkstätte.

Ich habe vieles von diesem Ausflug vergessen, weiß nur noch den Glockenturm, die grauen Blöcke, die Informationstafeln, vor denen Vater aus unerfindlichen Gründen in Wut geriet. Das riesige Monument weiß ich noch, die endlosen Treppen, der Staub, die Massengräber, die Hitze. Auch sehe ich Schulklassen vor mir, die, von Lehrern oder Gedenkstättenmitarbeitern geführt, halb betreten, halb gelangweilt den Ort über sich ergehen ließen.

Vater, der gut und gerne über alles Mögliche referierte, blieb in Buchenwald einsilbig. Mutter und ich hatten den Eindruck, dass er sich mit seinem Plan, uns den größtmöglichen Kontrast zu Goethe begreiflich zu machen, übernommen hatte. Das hätte Vater nie zugegeben. Er trieb uns weiter und bestand darauf, dass wir alles ansehen. Zur Mittagszeit, als die Sonne vom Himmel herab- und mir mein Kopf glühte, brach Vater die Besichtigung ab.

»Es ist sowieso nur die halbe Wahrheit«, behauptete er mürrisch.

Mutter wagte sich vorsichtig zu erkundigen, was denn, seiner Meinung nach, die ganze Wahrheit sei.

»Es waren nicht nur die Kommunisten ... aber das verstehst du nicht.«

Vater verwahrte sein geheimes Wissen, was Mutter beleidigte, mich aber nicht weiter interessierte. Ich hatte Durst. Wie ein Kloß klebte mir die Zunge im Mund. Als wir durch das Tor das ehemalige Konzentrationslager verlassen hatten, stand da meine Rettung: ein flacher Betonbau mit der Aufschrift »Gaststätte«. Ich hechelte und zog Vater dahin. Vor dem Eingang stand auf einer Tafel »Heute: Rouladen m. Rotkohl u. Kartoffeln. 2,90 Mark.«

Vater stoppte. Er riss mich zurück. Er war stumm, blass und glaubte seinen Augen nicht: Durch die Fenster der Gaststätte sah man unzählige Leute. Sie speisten Rouladen, tranken Bier, Limonade, rauchten. Schüler tummelten sich vor der Theke, lachten, leckten Eis und neckten sich. Da brüllte Vater: »Barbaren!!«

Zu trinken bekam ich erst auf dem Bahnhof. Noch als wir im Zug zurück nach Hause saßen, brachte Vater kein anderes Wort hervor als »Barbaren! Barbaren!«

Ab der achten Klasse wurde er mein Deutschlehrer. Er war der Einzige, der die Oberstufenklassen unterrichtete. Er sagte zu mir: »Bilde dir ja nichts ein.«

Er setzte mich in die letzte Reihe neben eine neue Schülerin. Esther Kriegerowa, zwei Jahre älter als wir, war mit ihren Eltern von der Wolga gekommen. Offiziell war sie das Mädchen aus der sowjetischen Stadt Simbirsk[35]. Wir riefen Esther *Russenpuppe* oder *Essigäther*[36]. Sie trug altmodische, nach Maiglöckchen duftende geflochtene Zöpfe, gestrickte Kleider und sprach eine seltsame Sprache. Sie war scheu und sehr schön. Ich rückte meinen Stuhl, so weit ich konnte, von ihr weg. Vorn am Pult stand Vater und gab Deutsch.

Er gab mir im Diktat eine Zwei, obwohl ich null Fehler hatte. Er benotete meine Aufsätze nicht besser als befriedigend. Er begründete die Bewertung damit, dass mir ständig sogenannte »überlegte, aber nicht ausgeführte Fehler, kleine gehirnliche Irrläufer« widerfahren würden.

Ich biss mir auf die Zunge und dachte: Falsch! Es ist falsch, was er da sagt.

Die *Russenpuppe* hatte in jedem Aufsatz mindestens hundert Fehler. Vater gab ihr trotzdem eine Drei. Er begründete die Bewertung damit, dass er der Zugereisten »Tapferkeit, es mit der deutschen Sprache aufzunehmen«, zuspräche. Dies müsse anerkannt werden, um den Lernprozess in Gang zu bringen.

Meine Mitschüler murrten über die Methoden *des Schädels*. Wurde ich wegen meiner gehirnlichen Irrläufer wiederholt niedergestuft, dachte auch ich: Er ist ein *Schädel*.

---

35 Simbirsk: russ. Großstadt an der Wolga
36 Essigäther: eigentl.: technisch vielfach verwendete organische Verbindung (Ethylacetat), eine angenehm und erfrischend riechende, klare Flüssigkeit; hier abwertend im Sinn von Essigsäure

Während des Unterrichtes sah die *Russenpuppe* mit ihren scheuen Augen oft zu mir herüber. Ich schirmte mit der Hand meine Hefte ab, damit sie nicht abschreiben konnte. Wurde ihr vom Lehrer eine Frage gestellt, antwortete sie in ihrem fremden, nach Großmutter klingendem Dialekt. Sie sprach nicht Deutsch, sondern *Doitsch*.

Im Gegensatz zu Esther hob ich im Unterricht oft die Hand, um mein Wissen vorzuführen. Die Lehrer nahmen mich nur selten dran, denn bei meinem Eifer verging anderen Schülern die Lust an der Mitarbeit. Ich half meinen Mitschülern und sagte vor, wenn einer auf die Fragen der Lehrer keine Antwort wusste. Ich tat dies mit der Bösartigkeit einer verkannten Vorzugsschülerin, die so laut vorsagte, dass die Lehrer wohl merkten, wer hier die eigentlich Wissende war. In Vaters Unterricht kam ich kein einziges Mal zu Wort. Ich saß in der letzten Reihe, und er sah mich einfach nicht.

Nur zu Hause legte er manchmal den Arm um mich, als wollte er sagen: Ich meine es nicht so, Wanda, du hast nur das Pech, meine Tochter zu sein.

Es geschah, dass Vater öfter länger in der Schule blieb, als es der Unterrichtsplan vorsah. Auch veränderte sich sein Verhalten Esther gegenüber. Die Freundlichkeit und Geduld, die er der *Russenpuppe* anfangs entgegengebracht hatte, schlug plötzlich um in ironische Provokation. So tadelte Vater sie beispielsweise nach einem verpatzten Schulaufsatz: »Fräulein Kriegerowa, obwohl Ihr Name die ehrenwerten teutonischen Eigenschaften des Kampfes und der Eroberung trägt, zeigen Sie nichts dergleichen im Unterricht. Sie kämpfen nicht um Leistung, Sie erobern kein Wissen, Sie haben keinen Siegesstolz. Simbirsk und Siegesstolz, das geht wohl nicht zusammen.«

Es ging sogar so weit, dass Vater Esthers Idiom vor der Klasse nachäffte: »Mei Moddr un Vaddr ware wo die doitsche Sprach iwrhaupt gar nicht kunnde, un mir, de scheene Esther, gepassiert dasche auch oftemols …«

Die Schüler bogen sich vor Lachen.

Ich saß mit ernstem Gesicht neben dem Mädchen, das sich mit den Fingern die Schläfen rieb, bis das Gelächter verklungen war. Es war mir peinlich, wenn Vater seinen, wie er ihn selbst bezeichnete: »gebildeten Witz« ausspielte. Ich konnte die *Russenpuppe* nicht leiden, Vaters Witze aber noch weniger.

So plötzlich, wie Vater die Lacher auf seiner Seite hatte, so plötzlich kippte die Situation. Er ließ Esther aufstehen und aus der Bankreihe treten. Da stand sie in ihren Klamotten, gestrickt und gehäkelt, zusammengeflickt und geborgt. Trotzdem strahlte sie. Unverschämt stolz. Sie glich einer Schauspielerin, die ich mal in einem Film gesehen hatte. Die maiglöckchenduftenden Zöpfe glänzten, und die Jungs schauten der Älteren glubschäugig auf die Brust. *Essigäther!*, lästerten meine Schulkameradinnen und hielten sich in Esthers Gegenwart die Nase zu. Ich spielte mit: Essigäther, Nase zu. Stand Esther lange genug im Gang zwischen den Bänken, ertönte Vaters Kommando: »Nachsitzen!«

So geschah es, dass Vater öfter länger in der Schule blieb, als der Unterrichtsplan vorsah.

Er zog mich zu sich heran. Er roch irgendwie anders als sonst. Er sagte zu mir im Vertrauen: »Sie ist so viel dümmer als du, Wanda. Ich muss ihr Nachhilfe geben.«

Die Zeit, die mir eben noch so falsch vorkam, leuchtete plötzlich vor mir auf. Vater strich mir sanft übers Haar. Er hob mich auf sein Wortkarussell: Gorki, Tschechow, Tolstoj, Majakowski[37]. Ich las alles, was Vater mir gab. Er meinte: »Die Russen haben keinen Goethe, aber eine Seele.«

Das Wort Seele hatte ich von Vater außerhalb literarischer Zitate noch nie gehört. Er benutzte es im Alltag erst, seit Esther in unserer Klasse war. Vater selbst schien durch sie etwas wie eine Seele in sich zu entdecken.

Obwohl er mehrmals in der Woche erst am frühen Abend nach Hause kam, besserte sich die Stimmung in unserer Familie. Mutter, erleichtert, ein paar Stunden ohne ihren Mann zu sein, meinte: »Vater ist mit der Schule verheiratet. Er opfert sich auf, das muss man verstehen.«

Ich nahm ihm die lange Abwesenheit nicht übel, da sie mir die Gelegenheit gab, meine Geschichten weiterzuschreiben, ohne entdeckt zu werden. Ich beneidete Esther nicht um die Nachhilfe, die Vater ihr gab. Ich beneidete sie höchstens um ihre Art, trotz Lumpen wie eine große Schauspielerin zu wirken. Vor dem Spiegel stehend dachte ich mitunter: Hätte ich mich nicht der Dichtkunst verschrieben, besäße ich womöglich auch das Zeug zur Schauspielerin.

---

37 Gorki, Tschechow, Tolstoi, Majakowski: bedeutende russische Dichter des 19. und 20. Jahrhunderts

War Vater zu Hause, hatte ich ihn für mich. Ich durfte im Lehrerzimmer lesen, Schularbeiten machen, ohne zu fragen, den Globus benutzen. Am liebsten hätte ich wieder vor ihm getanzt. Aber nicht zur Musik aus dem Plattenspieler, sondern zu Beat oder Rock 'n' Roll, eine Musik, die von meinen Klassenkameraden gehört wurde. Auch ich drehte manchmal das Kofferradio auf und lauschte. Mit Beatmusik konnte ich Vater nicht kommen. Ich kannte ihn. Er hasste diese Art Musik genauso wie Märsche, Operetten und Schlager. Er akzeptierte die klassischen Komponisten, aber er liebte nur die Literatur.

Dann kam der Moment, da ich dachte: Ich zeige ihm meine Geschichten. Es war ein Wunsch, der wie eine Fontäne aus mir heraustieg und Vaters ganzes Vertrauen umschloss. Ich stand mit dem Schulheft in der Hand vor Vaters Schreibtisch. Er korrigierte gerade Diktate, und ich sah den Füllfederhalter und die rote Tinte, und ich ging wieder weg.

Der Beginn der zehnten Klasse wurde mit einem Sportfest eröffnet. Die ganze Schule, vom Hausmeister bis zum Direktor, war daran beteiligt. Auch meine Mutter. Da sie eine künstlerische Hand besaß, musste sie die Namen in Schönschrift auf die Urkunden eintragen. Der Einzige, der nicht am Sportfest teilnahm, war Herr Schetelich, mein Vater. Mutter und ich wussten, dass Wandertage, Manöver und Sportfeste für ihn ein Gräuel waren. So wunderte es uns nicht, dass er sich für diesen Tag eine Krankschreibung besorgte. Vater war selten krank, aber Sportfeste und dergleichen bescherten ihm regelmäßig beeindruckende Leiden. Die Leiden mussten auskuriert werden und Vater blieb zu Hause.

Ich verstand Vater gut. Ich war eine Niete im Sport, und er machte mir nie einen Vorwurf daraus. In der Hoffnung, ebenfalls vom Sportfest befreit zu werden, versuchte ich von Vater eine Freistellung zu erschleichen: »Ich habe meine ...«

Vater ließ mich gar nicht ausreden.

»*Du* hast nicht, *ich* habe! Und zwar eitrigen Lungenkatarrh. Versuche nicht, mich zu beschummeln.«

Vater markierte grässlichen Husten und schickte mich in die Schule.

Anlässlich des Festes waren Haus, Hof und Sportplatz mit Wimpeln geschmückt. Mutter wartete im Sekretariat auf die Namen der Gewinner. Lustlos ließ ich mich in einer Mannschaft aufstellen. Dabei merkte ich, dass Esther fehlte. Die *Russenpuppe,* die sich zu fein war für Sport. Die sich wahrscheinlich schämte, weil sie nur ein ausgeleiertes Trikot und keine richtigen Turnschuhe besaß.

Ich hechelte im Dauerlauf, bekam Seitenstechen und versagte am Stufenbarren. Weitwurf war akzeptabel, ebenso Einhundertmetersprint. Beim Dreierhopp rutschte ich von der Sprungkante ab und verstauchte mir den Fuß. Erleichtert zeigte ich das geschwollene Gelenk dem Sanitäter. Mit Genugtuung vernahm ich die Erlaubnis, nach Hause gehen zu dürfen. Für eine Urkunde oder Medaille hätte es sowieso nicht gereicht.

Zu Hause war alles still. Ich hatte Vaters Husten erwartet, aber es war still. Ich humpelte durch Flur, Wohnzimmer und Küche. Ich legte mein Ohr an die Schlafzimmertür. Kein Ton. Ich ahnte es: Vater genoss inmitten seiner Bücher ungestört den freien Tag. Obwohl sich keiner sonst in der Wohnung befand, war die Tür zum Lehrerzimmer verschlossen. Abermals legte ich mein Ohr an die Tür. Vaters Stimme. Sie klang wie Gurren oder Murmeln, ganz fremd. Vater hatte also Besuch. Ich presste das Ohr fester an die Tür. Ich hörte Vater den Namen Johann Wolfgang nennen. Onkel Johann, dachte ich. Ich war so froh, dass ich beinahe ohne Anklopfen ins Zimmer gestürmt wäre. Doch dann vernahm ich etwas, das niemals für Onkel Johanns Ohren bestimmt sein konnte. Vater las laut Verse von Goethe. Goethe war, wie Vater oft betonte, der »rezitabelste« Autor der Weltliteratur. Das Wort *rezitabel* hatte Vater erfunden. Er verwendete es oft und gerne.

»Blattlos aber und schnell erhebt sich der zärtere Stängel,
Und ein Wundergebild zieht den Betrachtenden an.
Rings im Kreise stellet sich nun, gezählet und ohne
Zahl, das kleinere Blatt neben dem ähnlichen hin ...«[38]

Ich lauschte dem Gurren, wusste, dass es Distichen waren, die Vater rezitierte, auch wenn er mir diesen Goethe bisher vorenthalten hatte:

»Immer staunst du aufs Neue, sobald sich am Stängel die Blume
Über dem schlanken Gerüst wechselnder Blätter bewegt.
Aber die Herrlichkeit wird des neuen Schaffens Verkündung
Ja, das farbige Blatt fühlet die göttliche Hand.«

Vorsichtig drückte ich die Türklinke herunter. Durch den Spalt sah ich Vater am Schreibtisch sitzen. Auf seinem Schoß: Esther.

---

38 »Blattlos aber und schnell erhebt sich ...«, Distichen: siehe Materialteil, S. 59 f.

Sie saß da in ihrem schäbigen, handgestrickten russischen Wollrock, mit ihren altmodischen Zöpfen und dem Maiglöckchengeruch. Sie saß auf meinem Platz, auf meinem Karussell und ließ sich in Vaters Worten drehen.

Geh, gehorche meinem Winken.

Die *Russenpuppe* gehorchte. Vater gab ihr Nachhilfe in Deutsch. Er nannte sie »mein Mädje«.

Das Schlimmste war auch diesmal die Ruhe. Ich hatte die Tür unbemerkt wieder geschlossen. Am nächsten Tag nahm ich neben Esther Platz, als ob ich nichts gesehen, als ob mich nur ein gemeiner Traum gestreift hätte. Die Ruhe kam mit einer Macht über mich, dass ich Esther sogar erlaubte, während der Biologiearbeit bei mir abzuschreiben. Die *Russenpuppe* blickte mich überrascht und dankbar an.

Im Deutschunterricht war alles wie immer. Vater ignorierte mich. Antwortete Esther in ihrem unausrottbaren Dialekt stotternd auf seine Fragen, schüttelte Vater mit gespielter Verzweiflung den Kopf und sagte: »Fräulein Kriegerowa, bei Ihren miserablen Leistungen sollten Sie die Schule nach der achten Klasse verlassen, wenn Sie nicht schon in der zehnten wären.«

Die Klasse brüllte vor Lachen. Das war das Beste am *Schädel*, dass er komisch sein konnte. Ich blieb ruhig. So ruhig, dass es ihm auffiel. Er, der mit mir nie vor der Klasse ein Wort wechselte, fragte mich, ob ich anderer Meinung sei. Ich erhob mich, blickte Vater an und sagte: »Ja.«

Abermals Lachgebrüll. Auch Vater versuchte zu lachen.

»Na, dann lass mal hören, Wanda.«

Ich blieb ruhig. Obwohl ich tausend schlimme Vorschläge, Esther zu eliminieren, parat hatte, ließ ich keinen einzigen frei. Unruhig rutschte Esther auf der Bank hin und her. Bevor Vater noch mehr Lachstürme provozieren konnte, klingelte es zur Pause.

Ich traf die *Russenpuppe* auf dem Klo, wo sie über dem Waschbecken kotzte. Sie presste die Finger gegen die Schläfen und versuchte durchzuatmen. Ich reichte ihr ein Taschentuch und bot ihr an, mit mir nach der Schule gemeinsam Eisessen zu gehen. Esther wischte sich den Mund ab. Sie zitterte und sagte: »Muss nach Hause.«

»Ich lade dich ein.«

Esther wollte sich nicht von mir einladen lassen. Langsam verlor ich die Ruhe.

»Wir gehen Eis essen«, forderte ich in einem Ton, den ich von Vater kannte.

Esther beugte sich abermals über das Waschbecken und würgte. Es kam nichts mehr aus ihr heraus. Sie wusch sich das Gesicht mit kaltem Wasser. Dann lächelte sie, klopfte sich noch einmal gegen die Schläfen und atmete endlich frei.

Am Nachmittag saßen wir in »Kitans Milchbar« und löffelten zwei große, von meinem Taschengeld spendierte Eisbecher. Esther strahlte mich an. Sie kannte so etwas nicht. Ich wollte wissen, warum sie nach der Kotzerei so viel Eis essen kann.

»War bloß mein dummer Kopf«, sagte Esther, »Migräne! Aber mir ist schon wieder gut.«

Nichts war gut. Ich sah, wie Vater nach Unterrichtsschluss mit Esther im Kabinett, wo Landkarten und anderes Anschauungsmaterial lagerten, verschwand. Ich wusste jetzt, wie seine Nachhilfe aussah. Keiner sonst wusste es.

Jeden Morgen versuchte ich in Esthers Verhalten etwas zu entdecken, das ein öffentlicher Beweis ihrer Schuld sein könnte. Doch Esther verhielt sich wie immer: schüchtern, etwas verstört, von diesem feinen, unerschütterlichen Stolz verzaubert. Und sie war inzwischen meine Freundin. Keine echte, mit der man im Park herumlungerte, sich mit Jungen kabbelte oder Beatmusik hörte, sondern eine, die in stillem Vertrauen neben mir in der Schulbank saß und von meinem Wissen profitierte. Manchmal brachte sie mir Geschenke mit: eine Birne oder einen gehäkelten Taschentuchbehälter.

Saß ich zu Hause am familiären Esstisch, versuchte ich an Vaters Verhalten etwas zu entdecken, das ihn verriet. Es war der stechende, süße, giftige Geruch, den Vaters Hemden ausdünsteten. Selbst meine ahnungslose Mutter musste es riechen. Sie saß da in ihren taubengrauen, lindgrünen oder altrosa Kostümen und roch nur, was sie gekocht hatte.

In dieser Zeit war es auch gewesen, da Vater ins Direktorat befohlen wurde. Und zwar von seiner Frau persönlich. Mutter stand vorm Klassenzimmer, in dem Vater gerade eine Deutschstunde abgehalten hatte, und flüsterte ihm aufgeregt zu, dass der Direktor ihn erwarte.

Ich sehe Vater noch über den Schulflur gehen: stolz wie ein Geheimrat, angstlos, von beherrschter Ruhe durchdrungen. Respektvoll machten die Schüler *dem Schädel* Platz. Mutter trippelte hinter ihm her. Ich spürte das Herz bis in die Fingerspitzen klopfen. Jetzt ist er dran, dachte ich, jetzt ist auch die *Russenpuppe* dran.

Am Nachmittag kam Vater pünktlich nach Hause. Er schmiss seine Aktentasche auf das Flurschränkchen und brüllte: »Wanda!«

Beinahe war ich erleichtert, dass die Ruhe einen Riss bekommen hatte. Vater baute sich vor mir auf und blickte mich zornig an.

»Wanda, hast *du* mich vor meinen Kollegen zitiert?«

»Zitiert?«

Ich hätte Vater mit dem, was ich über ihn und Esther wusste, verpetzen können, verraten, bloßstellen, aber doch nicht zitieren. Zitieren war das falsche Wort. Ich verstand nicht, warum Vater das falsche Wort benutzte.

War es eine Umschreibung oder hatte einen mir nicht bekannten semantischen Ursprung?

»Wanda!«

Ich schüttelte den Kopf. Ich hörte gar nicht auf, den Kopf zu schütteln, denn ich musste plötzlich heulen, weil ich so viel wusste und doch nichts verraten hatte. Vater ließ seinen Blick von mir ab und murmelte: »Verzeih mir, ich dachte ja nur, dass ich dir diese Peinlichkeit zu verdanken habe.«

Er dachte ja nur. Ich wusste nicht einmal, worum es überhaupt ging. Dass Vater mich scheinheilig um Verzeihung bat, machte es nur schlimmer. Erst als wir zu dritt am Abendbrottisch saßen, erklärte er, was im Zimmer des Direktors vorgefallen war: »Seele«, sagte Vater, »dieser Direktorenflegel hat mir das Wort Seele untersagt. Stellt euch vor, er hat von irgendwem erfahren, dass ich irgendwann einmal den Satz geäußert habe: ›Die Russen haben keinen Goethe, aber dafür eine Seele.‹ Ich weiß nicht mehr wann, ich weiß nicht mehr wo, ich weiß nur, dass es die Wahrheit ist, und diese ist hierzulande unerwünscht.«

»Waldemar!«, rief Mutter erschrocken, »hast du das etwa dem Direktor gesagt?«

»Natürlich.«

Vaters Stimme bekam etwas Prahlerisches. Er legte mir ein Rädchen Wurst auf den Teller. Aller Vorwurf gegen mich, alle Unterstellung war vergessen, und Vater fuhr fort: »Seele, Wanda, ist das nicht ein schönes, vielbedeutendes Wort? Urgermanisch, fließend, ein Kleinod der Sprache. Seele, Hannelore Schetelich, geborene Metz, klingt es nicht bezaubernd? Tragen wir es nicht in uns oder, wie Goethe dichtet, ist uns nicht gar eine Weltseele eigen? All das und noch mehr bedeutet dieses Wort. Aber mir, dem Deutschlehrer, wollen sie es verbieten. Ha, ich darf das Wort Seele nicht benutzen! Was für ein Skandal! Sie behaupten: Es sei religiös, kein Begriff des Materialismus, es habe in den Köpfen unserer Menschen nichts zu suchen. Ein Mensch habe keine Seele. Und dann das Wort Russen. Russen steht auch auf dem Index. Es heißt Bürger der Sowjetunion. Herr Schetelich, sprechen Sie nach: Bürger der Sowjetunion! Außerdem: Zu behaupten, dass unsere sowjetischen Freunde keinen Goethe, dafür aber eine Seele haben, sei eine Verunglimpfung! – Es ist so lächerlich. Es ist alles so klein um mich herum, so klein!«

Vater trank sein Weinglas in einem Zug aus, ließ uns am Tisch zurück und ging ins Lehrerzimmer.

»See-le! Rus-sen! See-le! Rus-sen!«, hörten wir ihn trotzig skandieren.

Nach ein paar Minuten kam er mit einem gerade erschienenen Lexikon zurück. Er legte es triumphierend auf den Tisch und befahl uns zu lesen, was unter dem Stichwort »Seele« vermerkt war. Und tatsächlich: In diesem Lexikon bedeutete Seele lediglich: ›Der Innenlauf von Rohren, Feuerwaffen oder elektrischen Kabeln.‹

Ruhe kehrte erst wieder ein, nachdem Vaters Lachen verstummt war und er sich langsam ins Schlafzimmer zurückzog.

Eines Tages war die Bank neben mir leer. Diesmal kam der Direktor persönlich in unsere Klasse und verkündete: Esther Kriegerowa sei für die Zeit der Abschlussprüfungen in eine andere Schule versetzt worden. Ihre Eltern hätten darum gebeten.

Ich war die Einzige der Klasse, die den wirklichen Grund von Esthers Schulwechsel kannte. Dieses Wissen juckte mich. Ich hätte es am liebsten herausgeschrieen, doch diese verdammte Ruhe hatte mich noch immer im Griff. Scheinheilig erkundigte ich mich bei Vater, ob er wisse, auf welcher Schule Esther ihren Abschluss machen würde.

»Abschluss?«, höhnte Vater, »so eine braucht keinen Abschluss.«

Ich entgegnete: »Esther kann was. Ich weiß es.«

»Was weißt du?«, fragte Vater.

Er trug seit neuestem eine Lesebrille, die er, auch wenn er sie nicht benötigte, auf der Nasenspitze behielt. Vater blickte mich über die Brille hinweg an. Da ich nicht antwortete, gab er die

Antwort selbst: »Du hast sie abschreiben lassen, Wanda. Du warst mit ihr Eisessen. Du hast mit ihr Reden geübt und dich dergestalt vorbildlich um eine schwache Schülerin gekümmert. Aber sie dankt es dir nicht, hab ich recht?«

»Und dankt sie dir?«, fragte ich.

Vater beendete unser Gespräch mit seiner typischen unwirschen Handbewegung. Er war nervös. Ich roch es.

Der Mann im »An-&-Verkauf« schnürte Mutters Kostüme zu einem Bündel und warf sie auf die Waage.

»Dreieinhalb Kilo. Dreifuffzig.«

Er zählte die Münzen hin.

»Das ist Betrug!«, empörte sich Mutter.

Der Mann sagte: »Ich krieg sie nur als Lumpen los.«

Verärgert steckte Mutter das Geld ein. Doch schon vor dem »An-&-Verkauf« war der Ärger verflogen.

»Komm, Wandalein, wir gehen uns hübsch machen. Ich kann es sonst nicht mehr ertragen.«

Ich wusste nicht, was genau Mutter nicht mehr ertragen konnte. Ich ahnte nur: Sie hatte von Vater und Esther erfahren. Woher auch immer. Seit ein paar Tagen hatte sie sämtliche Kostüme aus dem Kleiderschrank verbannt und trug seitdem ausschließlich Hosen, Blusen oder weitgeschnittene Kleider.

Wir gingen, untergehakt wie zwei Freundinnen, los. Es war das erste Mal, dass ich mit Mutter eine Bummeltour durch die Stadt unternahm. Wir setzten uns an den Springbrunnen vorm Rathaus, studierten die Plakate der Litfasssäulen, aßen Eis und schlenderten an den Auslagen der Geschäfte vorbei. Mutters Ziel war das Centrum-Warenhaus[39]. Dort angekommen, steuerte sie sogleich die Stoffabteilung an. Nachdem sie mehrere Meter verschiedene Stoffe sowie Nähgarn, Schneiderkreide und Knöpfe gekauft hatte, kam sie auf die Idee, Onkel Johann in seinem Büro aufzusuchen.

»Er muss mir Seide besorgen. Seide oder Damast.«

Ich warnte: »Vater will nicht, dass wir mit ihm Kontakt haben. Wenn er es erfährt, gibt's Ärger.«

»Was dein Vater will«, sprach Mutter, »das ist mir egal. Ich will Johann sprechen und zwar auf der Stelle.«

---

39 Centrum-Warenhaus: Name der Warenhäuser mit einem Mindest-Verkaufsraum von 2500 Quadratmetern (es gab ca. 17 Centrum-Warenhäuser in der ehemaligen DDR)

Nach diesen Worten war ich sicher: Mutter wusste alles. Sie hatte erfahren, woher der Maiglöckchenduft von Vaters Hemden stammte. Sie war im Bilde, und gleichzeitig war das Bild von ihrem Mann kaputtgegangen, jäh, wie durch einen Säbelhieb.

Onkel Johann empfing uns weniger maulfaul, als ich ihn in Erinnerung hatte. Er trug noch immer diese grässlichen Kunstfaserhemden, doch geradezu ausgelassen rief er: »Hallo, das gibt's doch nicht! Meine Schwägerin und meine Nichte kommen mich besuchen. Nach mehr als sieben Jahren. Wollt ihr uns etwa wieder zur Tanzstunde einladen?«

»Ach Johann, lass den Quatsch. Du weißt, dass diese Kinkerlitzchen vorbei sind. Lass uns wie Erwachsene reden. Ich will dich um etwas bitten«, sprach Mutter.

Onkel Johann legte den Kopf schief, blickte uns mit doofem Grinsen an und fragte: »Ist er hin? Habt ihr den Idioten etwa ohne mich beerdigt?«

»Nein!«, rief ich erschrocken, »Mama will dich nur nach Seide fragen.«

Mutter aber meinte: »Du hast recht, Johann, der Idiot ist für uns gestorben. Deswegen sind wir hier.«

Mutter nähte.

Ich schrieb meine erste Rolle. Ich verwarf die Prosa und dramatisierte meine Geschichte. Irgendetwas in mir forderte, dass ich zeigen musste, was mit mir geschehen war. Mutter nähte ein Kleid aus dunkelrotem Samt. Die gusseiserne, fußbetriebene Nähmaschine ratterte. Das Schwungrad drehte sich unter Mutters flinken Händen, der Lederriemen wurde heiß, so eifrig war sie bei der Sache. Sie hatte Vater für tot erklärt.

Onkel Johann lieferte neuen Stoff.

Ich zog das Kleid über und stellte mich vor den Spiegel. Mein Anblick war geradezu betörend. Ich tanzte. Ich sagte den Text auf, den ich geschrieben hatte. Währenddessen betrachtete ich mich. Der Spiegel zeigte mich als Königin. Er verwandelte mich, stellte mich von mir weg, riss mich an mein altes Bild heran – da gab es komische Blicke, heller blitzender Stolz, aber auch Grimassen, die mein Tanzen und den Text begleiteten; die schamhafte Verzweiflung, mit meinem laienhaften unkorrigierten Deutsch etwas retten zu wollen, das nicht zu retten war.

Mutter betrachtete mich voller Zuversicht. Sie hatte sich auch etwas genäht: eine gefältelte Stola aus gemustertem Krepp, mit der sie sich sogar auf die Straße traute. Sie sah fremd, exotisch aus, und an die Twillkostümzeit erinnerten nur noch die dauergewellten Haare. Auch die Frisur wurde bald eine andere. Mutter wollte weg von sich.

Ich wollte Schauspielerin werden.

Esther, die, im Gegensatz zu mir, bereits wie eine solche aussah, war tatsächlich von unserer Schule abgegangen. Die Bank neben mir blieb leer. Erst hoffte ich, Vaters Nachhilfe für sie hätte sich nun erledigt, doch ich sah Esther manchmal, wie sie sich durch den Hintereingang in die Schule schlich.

Währenddessen lieferte Onkel Johann an Mutter Seide, Brokat und andere exquisite Stoffe. Das geschah im Stadtpark, bei konspirativen Übergabeaktionen, bei denen ich nie dabei sein durfte.

Die Kleider jedoch, die mir Mutter nähte, und die Rollen, die ich in diesen Kleidern einübte, waren unser gemeinsames Glück. Zwar wunderte sich Mutter über den sonderbaren Text (von dem ich behauptete, er stamme von einem modernen zeitgenössischen Autor), applaudierte jedoch mit Hingabe. Mutters Liebe zu mir, die ich einst kühl, wie chemisch gereinigt, erfahren hatte, wurde nach Vaters Totsagung warm, herzlich und verzweifelt zugleich.

Bemerkte der durchaus lebendige Deutschgeber unsere Verkleidungsspiele, schnaubte er kurz, um gleich darauf ins Lehrerzimmer zu verschwinden.

Ich wollte Schauspielerin werden und dazu, glaubte ich, müsse ich Schauspielern nahe sein. Ich ging, so oft ich konnte, ins Theater. Öffnete sich der Vorhang, wehte mich ein Geist an, ähnlich dem Grimmschen, der früher Vaters Wörterbüchern entstiegen war. Das Theater hatte für mich etwas Verbotenes: eine Seele. Ich sah sämtliche Dramen, Komödien, sogar Opern besuchte ich. Ich sah, und als ich genug gesehen hatte, dachte ich: Das kannst du auch. Du kannst schreiben und darstellen, beides! Stets saß ich in der ersten Reihe. Mein Blut pochte.

Eines Abends, nach einer Vorstellung des Stückes »Die Möwe«[40], packte mich abenteuerlicher Mut. Unbefugt schlich ich durch den Bühneneingang in den SCHLAUCH. So hieß unter Kennern die langgezogene, fensterlose Kantine im Kellergeschoss des Schauspielhauses. Dort trafen sich meine Götter.

---

40 »Die Möwe«: Drama von Anton Tschechow, Erstaufführung 1896

Und dort traf ich abermals auf Esther Kriegerowa. Ich war erschüttert. Hier drückte sie sich also herum. Die *Russenpuppe,* der *Essigäther* hatte das Abenteuerareal vor mir besetzt. Sie verkehrte im SCHLAUCH mit den Göttern, als ob sie ihnen zugehörte: stolz, dreist, unwiderstehlich. Sie setzte sich an deren Tische, auf deren Schöße, himmelte sie an, und – es war zum Verzweifeln – die Schauspieler flachsten und flirteten mit Esther, als würde sie deren Kunst beflügeln. Esther gab mir nicht mal Zeit, den Schrecken, den sie mir bereitete, zu verarbeiten. Esther Kriegerowa war es, die mich mit einer großen gnädigen Geste aufnahm und dem Publikum vorstellte: »Das ist meine Schulfreundin Wanda.«
Wan-da.
Das gab Lacher. Mein Name klang den Göttern entzückend, wie einem Tschechowstück entliehen. Sie sangen: »Wanda Wanda Wanda!«, und trällerten: »Die Wanda ist des Müllers Lust …«
Gemurmel, Gelächter. Zwei riesige Ventilatoren rührten die tabakverqualmte Luft. Esther strich mir übers Haar. Ich wusste nicht, warum sie solche Vertraulichkeit ausspielte, aber ich wehrte mich nicht. Da rief jemand: »Ich bin die Möwe!«
»Rä grä grä kräääh!«, kreischten die Komödianten und umflogen mich, die Neue, die Scheue, und ich stürzte kopfüber, kopfunter in eine traumhafte Grotte voller berühmter Menschen, die es alle, wie ich dachte, in den Himmel des Erfolges geschafft hatten.
Sie boten mir an, Platz zu nehmen. Sie verabreichten mir Cola-Wodka, obwohl ich erst sechzehn war. Einer der Götter (er hatte am Abend die kleine Rolle des Gutshof-Kochs gegeben) zog mich auf seine Knie. Das Glück glühte in meinem Innern. Oder es war der Wodka, der mich auf unbekannte Weise durchfeuerte.
Nutze deine jungen Tage.
Ich saß auf den Knien des Gutshof-Kochs und hatte es ebenfalls geschafft. Mit schwimmenden Augen blickte ich den Gott an. Da sprach er es aus: »Du musst es tun, meine Möwe. Du gehörst zu uns. Ich seh's dir an. Du fragst warum und wirst die Antwort suchen müssen. Wie jeder von uns. Und du wirst stolpern auf deinem Weg auf die Bühne. Doch jetzt geht es darum: Geh los, hör zu, versuche zu verstehen und alles, was dir geboten wird, nimm mit!«
Es waren eindrucksvolle Worte, die der Schauspieler mir ins Ohr raunte. Doch plötzlich, innerhalb von Sekunden, verwandelte er sich in einen anzüglichen Kerl und pöbelte: »Wanda, meine Wanduschka, du bist ein wahres Wunderkind!«

Noch eine Cola-Wodka. Der Gutshof-Koch ähnelte meinem Onkel Johann. Wie er war er dicklich, von undefinierbarem Alter. Heute weiß ich: So wie Onkel Johann viele Jahre Büroarbeit hinter sich hatte, konnte der Schauspieler auf viele Jahre Stadttheater zurückblicken. Hinfällige Hoffnungen, doch noch für etwas Größeres entdeckt zu werden, suchten meinen Gott heim und ließen ihn gleichermaßen albern wie unflätig wirken.

Damals sah ich nur die Bühne, das Licht, die Farben der Kostüme. Ich hörte, was die Himmlischen sprachen, wie sie die Sprache formten, modellierten zu etwas, das höher und ergreifender als alles war, was ich sonst zu Gehör bekam. Ich weiß nicht, wie es Esther in dieser Welt erging. Ob sie Gedanken darüber im Kopf bewegte, oder ob sie einfach nur ihrer ungebildeten Natur folgte. Sie war eine Russin und hatte eine Seele. Sonst nichts.

Wanda und Esther. Esther und Wanda. Wir wechselten die Götterknie. Vogelschreie. Gelächter. *Das Andre* sein. Zigarettenrauch, der konzentriert nach Vater roch.

Nach dem dritten Glas Cola-Wodka, bei einem abermaligen Platzwechsel, stieß ich mit ihr zusammen. Es war beinahe, als hätten wir es darauf angelegt. Sie fasste mich um die Schultern. Ich spürte, dass sie unter ihrer Bluse feucht und weich war. Wir lachten. Übermütig nahm ich Esther das Glas aus der Hand und trank es aus. Der SCHLAUCH drehte sich um mich herum, ein Rauch- und Rufkarussell. Die schöne *Russenpuppe*. Längst trug sie keine Wollklamotten mehr. Sie ging in Samt und Seide. Ich fragte sie mit quarkiger Stimme, ob mein Vater ihr das Theater beigebracht habe. Esther nahm mein Gesicht zwischen ihre Hände und zog es zu sich heran. Ich roch den Rauch. Sie drückte mir einen Kuss auf die Lippen und sagte: »Wanda, dein Vater hasst Theater. Das musst du doch wissen.«

Ich wusste es. Ich wusste, dass er mich hasste. Ich hatte mich seinen Wünschen widersetzt. Er wollte, dass ich Abitur mache. Das sei das Letzte, was er noch von mir verlange, befahl er. Ich wollte Schauspielerin werden.

Im Jahr nach dem Mauerfall entließ man ihn fristlos aus dem Schuldienst. Er hatte sich in seinem Lehramt nicht etwa, wie andere entlassene Lehrer, *Staatsnähe* zuschulden kommen lassen. Im Gegenteil: Sein Widerstand gegen das *System* war bekannt und wäre für seine Zukunft förderlich gewesen. Da war etwas anderes. Ich wusste um den Grund seiner Entlassung. Ich war siebzehn Jahre alt, Esther neunzehn.

Und ich schrieb meinen Text weiter. Ich mischte Theatertöne unter die Sprache, fütterte sie mit der Tragik, die mir zur Verfügung stand und die ich, schmachtend vor Leidensgenuss, fantasievoll aufbauschte. Ich spielte mit dem Gedanken, mein Drama den Göttern im SCHLAUCH vorzulesen.

Am ersten Tag seiner Arbeitslosigkeit verharrte Vater im Lehrerzimmer stundenlang vor dem Goethebarometer. Er beobachtete das Fallen der Wassersäule, wie sie sich Millimeter für Millimeter im Schnabel absenkte, um gleichzeitig das Wasser im Glasbauch aufsteigen zu lassen. Erst als Vater zu zittern begann, ließ er sich auf dem Schreibtischstuhl nieder. Sein Blick streifte über die leergeräumte Arbeitsfläche, den braun gewordenen Tintenfleck, die schwere stählerne Schreibmaschine, schweifte seitwärts zu den Bücherregalen, umkreiste den Globus, und schließlich rief Waldemar Schetelich: »Wan-da!«

Ich beobachtete ihn durch den Türspalt. Ich trug ein neues, von Mutter genähtes Kostüm und wollte die Genugtuung über Vaters Bestrafung noch erhöhen mit der Spiegelprobe einer neuen Szene meines Stückes.

Wan-da. Wan-da.

Da riss Vater die Tür auf, sah mich im Kostüm, brüllte: »Mummenschanz!« und stürzte über den Flur ins Bad. Dort bestückte Mutter gerade die Waschmaschine. Ich hörte es klatschen. Ich hörte Mutter schreien, dann klatschte es wieder, und ich begriff: Vater schlug sie.

Hannelore Schetelich, geborene Metze.

Sie sagte nur noch: »Komm, Wanda, es ist Zeit.«

Sie stand mit zwei Koffern im Flur. Sie trug die farbenfrohe gefältelte Stola, in der sie aussah wie eine Zauberin. Ich blickte Vater an. Vater wendete den Blick zu seiner Frau und trat einen Schritt auf sie zu. Ich wusste, wenn er noch einmal die Hand gegen Mutter erheben würde, würde sie zurückschlagen. Doch er hob nur leise, mit eindringlich vermittelnder Stimme zu sprechen an: »Hannelore Schetelich, geborene Metze, sehe ich richtig? Du willst mich verlassen? Du spielst Operette? Oder liebst du es antik? Ist das jetzt dein Auftritt als tragische Aktrice[41]? Du weißt,

---

[41] Aktrice: Schauspielerin

was immer du tust, du wirst dich schuldig machen. Ich kann nicht glauben, dass du dich an einem so hohen Stoff wie *Verlassen ausLiebe* vergreifst. Bei dir bleibt er nur Tand[42]. Sieh dich an. Oder meinst du, Komödie spielen zu wollen? Es gibt für eine komische Figur wie dich keinen Übertritt ins Erhabene. Aber wenn du es versuchen willst, bitte. Kränke mein liebendes Herz. Deine Tochter ist dir ja mit gutem Beispiel vorausgegangen.«

Vater hob beide Hände, legte sie auf Mutters Kopf und beendete seine Rede: »Lasst fahren hin das allzu Flüchtige!«[43]

Es war ein Moment, da alles in mir zusammenbrach. Alles, was ich bis dahin gegen ihn, den Deutschgeber, *den Schädel* aufgebaut hatte. Vater tat mir so leid, dass ich mich fast erbrechen musste. Wie er versuchte, seinen Schrecken zu verbergen. Wie er in hilfloser Verzweiflung um seine geliebten Begriffe rang. Er war am Ende.

Mutter wartete nicht auf mich. In jeder Hand einen Koffer verließ sie die Wohnung.

»Und du?«, fragte Vater, nachdem er seiner Frau eine Weile stumm nachgeschaut hatte.

Ich folgte ihm in die Wohnstube. Ich legte Beethovens Neunte[44] auf den Plattenteller. Ich riss ein paar Blüten vom Winterkaktus ab, steckte sie mir ins Haar und trat auf den Teppich.

»Bist du jetzt irre geworden?«, fragte Vater.

Er verließ die Stube und schloss sich in sein Refugium ein. Er befahl mir, ich soll ihm später das Abendbrot vor die Tür stellen. Ich tat, was er von mir verlangte. Ich hätte mich erschlagen können dafür.

Am nächsten Tag erhielt Waldemar Schetelich von seiner Frau ein Telegramm, auf dem sie ihm Folgendes mitteilte: *wohne bei johan stop gruss h.* – Vater nahm das Telegramm zwischen zwei Finger, hielt es wie einen schmutzigen Lappen von sich entfernt und trug es auf seinen Arbeitsplatz. Missbilligend schüttelte er den Kopf, während er den Füllfederhalter mit der roten Tinte ansetzte und neben *johan* ein kleines *f* schrieb. *F* wie falsch. Dann kennzeichnete Vater das falsche Wort mit einer Wellenlinie und schrieb in seiner akkuraten Lehrerschrift daneben: *richtig: Johann / siehe: Johann Wolfgang von Goethe.*

---

42 Tand: wertloses Zeug
43 »Lasst fahren hin das allzu Flüchtige!«: siehe Materialteil, S. 61
44 Beethovens Neunte: Als Text zur 9. Sinfonie wählte Beethoven das Gedicht »An die Freude« von Friedrich Schiller (heutige Europahymne).

An die hundert Prüflinge drängten sich im Foyer der Schauspielakademie, rutschten aufgeregt auf den Bänken, tranken beständig aus Wasserflaschen, übten sich sichtbar für jeden Konkurrenten in beeindruckenden Atem- und Reckübungen. An der Wand zeigte eine Fotogalerie die Absolventen des vorigen Jahrganges: Die hatten es geschafft und waren bereits an Theater vermittelt oder im Filmgeschäft untergekommen oder wenigstens bei einer Agentur. Sie waren schon in die Götterwelt aufgenommen, während wir ...

Flach atmend kauerte ich in einer Ecke, wissend, dass ich etwas Besonderes zu bieten hatte: keine der üblichen Vorsprechrollen, keine Julia, kein Gretchen, keine Nina[45]. Ich hatte nur Wanda einstudiert. Nichts als meinen eigenen Text.

Erst auf der Probebühne, wo wir auf unsere Begabung getestet werden sollten, sah ich sie. Es war wie im Märchen vom Hase und dem Igel: Esther Kriegerowa war bereits vor mir da. Weiß der Himmel, wie sie das machte. Sie hatte die Haare kurz geschnitten und mit Wachs glatt nach hinten gekämmt. Ihre düster geschminkten Augen erschienen wie die einer angeschlagenen Boxerin. Strahlend saß Esther in einer Verkleidung, die Antigone darstellte, und strahlend fiel sie mir um den Hals.

»Ich freu mich, dass du auch hier bist. Ich weiß genau: Wir schaffen es«, presste sie begeistert hervor.

Ich war mir sicher, dass sich Esther tatsächlich freute, mir an diesem Ort zu begegnen. Hier, wo sich mehr als zweitausend Bewerber jährlich um die wenigen begehrten Akademieplätze bewarben. Obgleich mir Esther als härteste Konkurrentin erscheinen musste, war ich sicher: Nichts konnte die Auswahlkommission mehr überzeugen als mein eigenes, noch unaufgeführtes Drama.

Der Rektor stellte die Kommission vor, dann wünschte er allen Beteiligten viel Spaß und Erfolg. Er vergaß nicht zu erwähnen, dass die Prüfer den Prüflingen wohlgesonnen seien und man tatsächlich dringend Bühnentalente suche.

Das Andre sein. Ich war es. Esther Kriegerowa in ihrer Maskerade und dem billigen Kostüm hatte keine Chance.

Der Test begann. Ich weiß nicht mehr genau, ob alles so abgelaufen ist, wie ich es erinnere. Ich weiß nur noch, dass ich mich als Erste gemeldet hatte. Und plötzlich stand ich auf der Bühne und war geblendet. Ich sah die Staubkörnchen im Scheinwerferlicht

---

45 Julia, Gretchen, Nina: weibliche Hauptrollen in »Romeo und Julia« (Shakespeare), »Faust« (Goethe) und »Die Möwe« (Tschechow)

auf- und niedersteigen. Sonst sah ich nichts. Stille im Saal. Ruhe. Die Ruhe war das Schlimmste.

»Und bitte!«, tönte es streng von unten.

Dann kam der Text. Er brach aus mir heraus, wie ich ihn geschrieben und vor dem Spiegel einstudiert hatte. Ich tat nichts weiter, als auf der Bühne im staubdurchflirrten Licht mein Drama aufzusagen. Mein Mund war trocken, mal krampfte die Kehle, mal verhaspelte ich mich, mal redete ich Unsinn. Aber jedes Wort kam mit einer Macht und Ehrlichkeit aus mir, dass ich selbst darüber erschüttert war.

»Spielen!«, rief jemand aus dem Zuschauerraum.

Aber ich spiele doch, dachte ich. Was sollte dieser Einwurf? Ich spielte um mein Leben. Ich schraubte meine Stimme hoch, ballte die Hände und donnerte den selbstverfassten Zorn heraus. Ich spürte, wie mein Zorn die Zuschauer peitschte, wie er in Esther Kriegerowas Ohren drang – ein genialer Ton, von eigenmächtigem, poetischem Deutsch, das Vater mir seit Kindertagen verabreicht hatte. Noch bevor ich mit der Rolle am Ende war, wurde mein Auftritt von der Kommission abgebrochen.

»Danke, wir haben genug gesehen!«

Benommen stieg ich die Bühnenstufen herab zu den anderen Prüflingen. Ich kam neben Esther zu sitzen, die mir die Hand drückte und zuraunte: »Du warst großartig.«

Ich ließ Esthers Hand nicht mehr los. Ihr Kompliment hatte mich gerührt. Gleichzeitig schämte ich mich der Arroganz, die ich der *Russenpuppe* gegenüber hegte. Sie war ja doch ein ehrliches, neidloses Wesen, das ihrer Natur folgte und nicht, wie ich, irgendwelchen quälerischen Gedanken. Sie konnte sich tatsächlich über meinen Erfolg freuen. So war ich mir sicher, dass Esther von meinem Vater niemals das beigebracht bekommen hatte, was er mir beigebracht hatte.

Als die Reihe an Esther kam, schien es mir eine Spur zu entschlossen, wie sie ihre Hand aus meiner löste. Ich wusste nicht, was ich ihr wünschen sollte. Ich wollte sie für ihre Freundschaft belohnen, aber mochte mir nicht vorstellen, dass sie mit ihrer Rolle die gleiche Höhe wie ich erreichte.

Esther Kriegerowa spielte die Antigone[46]. Ich fragte mich: Hatte Vater sie auf dieses Stück gebracht? Hatte er in ihr die Lust auf

---

46 Antigone: »Antigone«, Tragödie des antiken griechischen Dichters Sophokles, Titelfigur als unerschrockene Kämpferin für die Humanität

Literatur erweckt? Ich schlug den Gedanken zu Boden: Es konnte nicht sein. Vater war ein Deutschgeber, und Antigone war nicht deutsch. Was für ein fremder Text. Er passte nicht zu Esther, obgleich ihre Aussprache nur noch einen winzigen russischen Akzent besaß. Sie wirbelte über die Bühne und spielte die starke, allen weltlichen Mächten überlegene Frau. Niemals, da war ich mir sicher, hätte Vater so eine Frau akzeptiert. Es war fast lächerlich, was Esther darstellte. Und wie sie sprach! Der hohe Text fiel wie nebenbei aus ihrem Mund, ganz klar und kunstlos und doch ...

Als die Kommission auch von Esther genug gesehen hatte und das Spiel abbrach, war ich erleichtert.

Es dauerte, bis sich die Kommission beraten hatte. Ein Prüfling nach dem anderen wurde in ein Extrazimmer beordert und kam nach ein paar Minuten wieder heraus. Die meisten mit langen, enttäuschten Gesichtern. Nur wenige, sehr wenige hatten es geschafft. Es stand ihnen zu, dass sie, ohne Rücksicht auf die Verlierer, mit lautem Jubelgeschrei durch die Akademie liefen.

Esther wurde vor mir aufgerufen.

»Ich drück dir die Daumen«, sagte ich.

In diesem Moment meinte ich den Wunsch ernst. Ich gönnte Esther wirklich einen Erfolg, wenngleich auch nicht den, der sie erwartete. Sie kam mit einem Lächeln auf den Lippen wieder aus dem Zimmer heraus.

»Und?«, fragte ich erschrocken.

Esther lächelte mich eine Weile an, dann schüttelte sie den Kopf.

»Sie haben mich nicht genommen, aber gesagt, dass ich gut bin. Ich soll mich nächstes Jahr wieder bewerben. Oder in einer anderen Schauspielschule. Sie sehen eine Chance für mich, aber heute gab es zu viele andere starke Bewerberinnen.«

Ich umarmte Esther. Ich freute mich, dass sie nicht, wie die anderen Abgelehnten, hoffnungslos verzweifelt war. Ich freute mich, dass ich ihr Lächeln gleich mit einem Strahlen übertrumpfen würde.

Ich habe nicht vergessen, was die Prüfungskommission von mir wissen wollte: *Warum, verdammt, haben Sie uns nichts gezeigt? Was wollen Sie hier?*

»Ich will Schauspielerin werden.«

Aha. Da ist's Ihnen mal langweilig, und da dachten Sie: Ich will Schauspielerin werden. Ist es so?

Ich nickte, schüttelte den Kopf, nickte wieder und verneinte alles. Ich weiß nicht mehr, was folgte. Ich habe nur noch ein paar böse Fetzen im Ohr:

Sie haben zu wenig Fantasie, zu wenig Spielfreude, Wanda. Wir wollen junge lebendige Menschen. Sie sind müde, Sie erreichen uns nicht. Sie sind nicht durchlässig und verstellen sich. Was war das überhaupt für ein Stück? Zu privat, viel zu privat! Sie haben auf der Bühne etwas behauptet, nicht aber gespielt. Sie verfügen über eine schöne Stimme, an der ein steifer Körper hängt. Sie haben eine passable Ausstrahlung, aber das ist zu wenig. Sie leuchten nicht. Sie haben keine Mitte. Wir glauben Ihnen nicht, Wanda. Theater ist vor allem Scheitern. Es tut uns leid, der Nächste bitte.

Sie glaubten mir nicht. Sie nahmen mir nicht ab, was ich mir da aus der Seele geschrieben hatte. Sie gaben mir nicht mal eine Chance auf einen nächsten Versuch. Als ich die Tür hinter mir geschlossen hatte, weinte ich. Ich war nicht die Einzige, die weinte, aber meinte, die Einzige zu sein, die sich so abgründig verkannt vorkam.

»Es gibt Schlimmeres«, sagte Esther.

Es gab nichts Schlimmeres.

Gemeinsam nahmen wir den Weg zur Straßenbahn. Ich ließ mich von Esther mitschleifen, weil ich glaubte, in meinem Leben keinen einzigen selbständigen Schritt mehr tun zu können. Ich war so schwach vor Scham und Enttäuschung, dass ich wie kurz vor einer Ohnmacht taumelte. Ich weinte noch immer. Esther versuchte mich zu trösten, indem sie versprach, sich niemals wieder an einer Theaterakademie zu bewerben: »Wenn sie dich nicht nehmen, dann kriegen sie auch mich nicht.«

»Mach doch, was du willst!«, heulte ich beleidigt.

Da blieb Esther stehen. Versagte mir jeden Halt. Mit antigonehafter Standhaftigkeit ließ sie mich davonziehen. Ignorierte meine Verzweiflung. Spottete. Ich kam bis zur nächsten Straßenecke. Dort wartete ich, bis Esther mich eingeholt hatte.

»Entschuldige«, presste ich heraus.

Gemeinsam liefen wir weiter. Schweigend. Abermals nahm Esther meine Hand. Sie schwenkte meinen Arm und ermunterte mich, die Kritik der Prüfungskommission nicht so ernst zu nehmen. Theater sei tatsächlich vor allem Scheitern.

»Woher willst du das wissen?«, fragte ich.

»Ich weiß es eben«, antwortete Esther.

In der Straßenbahn saß sie mir gegenüber. Nach dem Vorsprechen hatte sie ihre kurzgeschnittenen Haare in kühne Fransen gekämmt. Ich sah Vaters Lehrerhände durch diese Fransen streichen. Falsch, das ist die falsche Frisur.

Ich schloss die Augen und spürte dem Schaukeln der Straßenbahn nach. Nie wieder würde ich diese Strecke nehmen, nie wieder den Mut aufbringen, mich mit meinem Drama irgendwelchen fremden Leuten vorzustellen. Was man mir an den Kopf geworfen hatte, genügte, damit ich für immer von meinen Entäußerungen Abstand nehme. Ich fühlte mich schrecklich verraten und allein. Als Esther an ihrer Zielstation angelangt war und aussteigen wollte, hielt ich sie fest.

»Komm noch mit zu mir«, bat ich.

Esther errötete. Aber sie stieg nicht aus, sondern fuhr mit mir weiter.

»Ich schaff dich bis zur Tür, aber ich komme nicht mit hinein«, sagte sie.

»Warum?«

»Hab Migräne.«

»Du lügst. Du kommst jetzt mit.«

Esther wehrte ab: »Ich trau mich nicht. Immerhin war dein Vater mein Lehrer.«

»Aber du warst doch schon einmal bei uns. Du hast meinen Vater besucht.«

Da war es heraus. Ohne Vorsatz hatte ich meinen Verdacht geäußert, etwas, das ich mir die ganzen Jahre über erspart hatte. Ich sah, wie Esther die Augen aufriss und mit fester Stimme behauptete:

»Das ist nicht wahr.«

Die Straßenbahn ruckelte über den Markt, die Ringstraße entlang, weiter Richtung Norden, wo ich wohnte.

»Ich war noch niemals bei euch zu Hause«, beteuerte Esther nachdrücklich.

Sie blickte mich derart vertrauensvoll an, dass ich ihr glaubte. Obwohl ich sie mit eigenen Augen auf dem Schoß meines Vaters gesehen hatte, glaubte ich ihr. Esther Kriegerowa, die Schauspielerin. Die verlogene, hinreißende *Russenpuppe,* der man alles abnahm.

»Dann lass uns zu dir nach Hause gehen«, schlug ich vor.

Auch gegen diesen Vorschlag wehrte sich Esther: Ihre Wohnung sei für Gäste unzumutbar. Eine winzige Bruchbude, kein

eigenes Zimmer, dafür drei Geschwister, die Eltern, beide arbeitslos, die Ärmlichkeit. Dort riecht's bestimmt nach *Essigäther,* dachte ich. Plötzlich musste ich kichern. Mit einem Mal waren sämtliche Demütigungen des Tages verflogen. Das Leben spielte mit mir Theater. Alberne Szenen von Verwechslung, Intrige und Missverständnis. Auch Esther lachte. Mit einer Hand fuhr sie mir rasch durch die Haare: Sei nicht immer so brav, Wanda.
 Gemeinsam stiegen wir aus der Straßenbahn.
 Nun komm schon mit zu mir. Nein. Warum nicht? Darum.
 Ich schloss die Tür zu unserer Wohnung auf.

Der Blick, den Vater Esther Kriegerowa zuwarf, durchmaß eine endlose Weite des Schreckens. Obwohl er sich mit keinem Blinzeln verriet und von gleißender Höflichkeit gegenüber dem Besuch war, spürte ich, wie in ihm die Angst loderte. Auch Esther starrte ihren ehemaligen Lehrer an. Ein paar Sekunden nur, um dann mit unglaublicher Verwandlungsgabe meine nette Freundin zu spielen. Esther machte vor Vater sogar einen Knicks. Diese altmodische Geste schien ihn gleichermaßen zu verwirren wie auch zu entzücken.
 »Oh«, flötete Vater, »wie schön, euch beide so manierlich zusammen zu sehen. Habt ihr euch auf der Schauspielakademie getroffen? Was für ein Zufall. Lasst mich raten: Man hat euch abgelehnt. Ihr habt es nicht bestanden. Ihr seid durchgefallen. Ich beglückwünsche euch. Ich beglückwünsche euch wirklich von Herzen, dass ihr diesen undankbaren Weg einer zweifelhaften Karriere, den ihr euch in den Kopf gesetzt habt, nun doch nicht einschlagen müsst. Es ist eine Gnade des Schicksals, dass es das Unbegabte frühzeitig eliminiert, Illusionen fahren lässt und Hoffnung bereitet für etwas, das besser zu euch passen wird. Macht eine richtige Ausbildung, lernt, studiert oder –« Vater winkte mit ironisch verzagender Geste ab: »heiratet einen ordentlichen Mann.«
 Esther vollführte abermals einen Knicks.
 Zum zweiten Mal schossen mir heute Tränen hoch. Ich schluckte sie herunter, schwörend, dem peinlichen Elend ein Ende zu setzen. Da war Vater schon in der Wohnstube verschwunden. Wir hörten noch, wie er den Fernseher anschaltete, etwas, das er zeit seines Lebens zutiefst verachtet hatte. Dann standen wir allein im Flur. Ich legte den Kopf an Esthers Schulter und atmete den leisen Maiglöckchengeruch, der ihrem Kleid entstieg.

Unsere Waffe war einfaches Speiseöl. Nachdem Esther das Wasser aus dem Goethebarometer in den Efeutopf gegossen hatte, kam ich mit dem Öl. Wunderbar, wie der dünne Strahl das empfindliche Messgerät füllte, wie das Öl schwer und fettig am Innenrand des zarten Glasschnabels herablief. Als das Goethebarometer einen halben Liter Öl geschluckt hatte, hängten wir es wieder an die Wand.

Wir gingen in mein Zimmer und warfen uns lachend aufs Bett. Wir lachten so, dass uns die Bäuche weh taten und wir uns wie ausgekitzelte Kleinkinder herumrollten. Zum dritten Mal an diesem Tag musste Esther mir Tränen abwischen. Diesmal Lachtränen. Sie zog ein Taschentuch unter ihrem Hemd hervor und tupfte mir das Gesicht ab. Sie beugte sich über mich, küsste mich auf die Wangenknochen. Ihr Pony berührte meine Augenbrauen.

»Ich wollte nicht mit zu dir«, flüsterte sie, »ich habe dich gewarnt.«

»Wovor hast du mich gewarnt?«

Esther zog mich vom Bett. Sie stellte das Kofferradio an, suchte nach Rock 'n' Roll. Sie schlug den Teppich zurück und zwang mich auf die Knie. Im Rhythmus der Beats klatschten unsere Hände auf das blanke Linoleum. Die Musik hämmerte und tobte in uns.

Wan-da! Es-ther! Du-den! Goe-the! Va-ter! Wei-se! Schei-ße!

Wir skandierten um die Wette. Schlimme deutsche Wörter, dazwischen russische Brocken. Ich ließ meine Haare flattern. Esthers Gesicht glühte. Sie zog ihr Kleid aus. Ich sah ihre Brüste, drosch mit den Handflächen auf den Boden und rief: »Va-ter! Va-ter! Va-ter!«

»Hör auf«, keuchte Esther.

Sie log schon wieder. Sie wollte gar nicht, dass ich aufhöre. Als auch ich mich halbnackt dem Rhythmus hingab, sah ich Vater in der Tür. Ich weiß nicht, wie lange er schon dort gestanden und uns beobachtet hatte. Er ließ uns nicht einmal Zeit zu erschrecken. Wortlos trat er zwischen uns, stellte das Radio ab und verließ das Zimmer.

Die Ruhe, die nach dieser Begegnung herrschte, war so unheilvoll wie stets.

Ich wusste, dass er nach seiner Entlassung aus dem Schuldienst nichts mehr von dem tat, was er zuvor getan hatte. Das Lehrerzimmer war verstaubt, der Grimmsche Geist verschlossen. Anfangs ging Vater noch aus dem Haus, um für die Nachbarn den Eindruck zu erwecken, er würde sich zu einer Arbeit begeben. Aber nach ein paar Wochen blieb er zu Hause, sah ziellos fern oder stierte vor sich hin. Niemals mehr fragte er mich irgendetwas, und wenn er sprach, waren es resignierte Aufforderungen, etwa solche wie ›Dreh die Heizung nicht so hoch‹ oder ›Such dir endlich eine Ausbildung‹.

Leider war Esther nicht bei mir, als ich endlich die Gelegenheit hatte, die Früchte unserer Rache zu genießen: Ich beobachtete Vater, wie er sorgenvoll das Goethebarometer betrachtete. Das Öl darin wollte weder steigen noch fallen. Vater drehte die Heizung ab und ließ das Zimmer auskühlen oder heizte es auf achtundzwanzig Grad – nichts geschah. So sehr er sich bemühte, jedem Temperatur- oder Luftdruckwechsel eine Veränderung der Flüssigkeitssäule abzuzwingen, so sehr verzweifelte er. Er schlug in Büchern nach, widmete sich ein letztes Mal dem Geheimrat Goethe und fand den Fehler doch nicht.

Ich erzählte Esther von unserem Erfolg. Sie freute sich mit mir, obgleich ich mich eines sonderbaren Verdachtes nicht erwehren konnte. Ich glaube, sie hatte meinen Vater gemocht. Immerhin hatte er ihr Deutsch beigebracht und vielleicht – ich kann es bis heute nicht nachvollziehen – eine Art von Liebe. Jedenfalls war es so, dass Esther nicht lange nach unserem wilden Nackttanz stiller geworden war. Ganz, als müsse sie sich auf etwas besinnen, das ihr mit meiner Freundschaft verlorenzugehen drohte.

Esther Kriegerowa hätte es vielleicht schaffen können. Aber sie hatte ihr Versprechen gehalten und sich nie wieder an einer Schauspielakademie beworben. Ab und zu ging sie noch in den SCHLAUCH. Ein halbes Jahr nach unserem gemeinsamen Versuch, den Theatergöttern nahezukommen, heiratete Esther einen Schauspieler. Sie bekam zwei Kinder von ihm und arbeitete als Ankleiderin in der Städtischen Oper.

Ich traf die *Russenpuppe* noch ein paarmal in der Stadt. Sie schien zufrieden, aber wollte sich von mir nicht mal auf ein Eis einladen lassen. Als Esthers Mann ein Engagement an einem anderen Theater annahm, ging sie mit ihm.

Auch ich bin gegangen. Ich habe meine Sachen gepackt und bin aus der elterlichen Wohnung ausgezogen. Ich habe meinen Vater allein gelassen. Er war so stumm, unleidlich und traurig geworden, dass ich mich, wie damals meine Mutter, ohne Abschied auf den Weg machte. Es kann sein, dass er am Fenster stand und mir nachgewunken hat.

Wan-da. Va-ter.

Es kann sein, dass es so gewesen ist, aber ich glaube es nicht.

Arbeitsaufträge zur werkimmanenten Interpretation

1. Ermitteln Sie anhand der vorgegebenen Seitenzahlen die Sinnabschnitte der Novelle und fassen Sie diese in einer kurzen Aussage zusammen. Ergänzen Sie gegebenenfalls mögliche eigene Fragestellungen zum jeweilgen Sinnabschnitt.

Sinnabschnitte der Novelle mit eigenen Fragestellungen

Seite	Inhalt	eigene Fragestellungen
5–6	einführende Vorstellung von Vater und Mutter aus der Perspektive der Tochter Wanda	
7–10	Wanda im Alter von sieben Monaten: Buchstabenspiele mit dem Vater, Kindergarten, Grundschule	
10–12	zu Besuch: Vaters Bruder Johann mit Frau Mandy	
13–18		
18–24		
24–28		
28–31		
31–34		
34–37		
37–38		
38–39		
39–41		
41–42		
42–43		
44–47		
47–49		
49–50		
50–51		

2. *Erstellen Sie ein Tafelbild zur Personenkonstellation der Novelle, wobei Sie sich auf die vier Hauptpersonen beschränken sollten. Charakterisieren Sie die Hauptfiguren und erläutern Sie in diesem Zusammenhang auch die Bedeutung der Namen und Spitznamen, die sie haben bzw. erhalten.*
3. *Setzen Sie sich mit dem problematischen Vater-Tochter-Verhältnis in der Novelle auseinander. Bedenken Sie dabei auch die Tatsache, dass der Vater Lehrer an der Schule ist, die Wanda besucht. Vergleichen Sie in diesem Zusammenhang die Äußerungen von Bastian Bielendorfer.*

Interview mit Bastian Bielendorfer zum Thema »Lehrerkind«

Die meisten Schüler können ihren Lehrern nach Schulschluss aus dem Weg gehen. Nicht so Bastian Bielendorfer (29). Was man durchmacht, wenn beide Eltern Pädagogen sind, beschreibt er in seinen Büchern (»Lehrerkind – Lebenslänglich Pausenhof«, 2011; »Lebenslänglich Klassenfahrt«, 2013). Das Interview führte Johanna Bruckner.

SZ.de: Herr Bielendorfer, was passiert denn nun wirklich auf Klassenfahrt?

Bastian Bielendorfer: Eine Klassenfahrt ist aus Sicht der Eltern eine feine Sache. Das Kind ist eine Woche aus dem Haus und tut noch dazu was für seine Allgemeinbildung. Doch während Mama und Papa denken, dass ihre Sprösslinge gesittet mit großen Augen durch Venedig laufen, bricht in Wahrheit eine Horde volltrunkener Pubertierender über den Markusplatz herein.

Für Ihre eigenen Eltern dürfte diese Wahrheit allerdings nicht überraschend kommen, schließlich sind sie selbst Lehrer. Ein Umstand, unter dem Sie nach eigener Aussage vor allem als Teenager gelitten haben. Trotzdem wollten Sie nach dem Abi ausgerechnet Lehrer werden. War das eher ein Akt des Aufbegehrens – oder der Kapitulation?

Beides. Auf der einen Seite wollten meine Eltern nicht, dass ich Lehrer werde. Es war sogar davon die Rede, dass ich enterbt werden sollte. Sie haben mich für bescheuert erklärt, dass ich mir das heute noch freiwillig antun will […]. Auf der anderen Seite war ich nach dem Abitur vollkommen planlos, was meine berufliche Zukunft angeht. Da lag ein Lehramtsstudium nahe […].

Erklären Sie einem Nicht-Lehrerkind das Leid eines Lehrerkinds.

Stellen Sie sich vor, es ist 365 Tage im Jahr Elternsprechtag. Viele meiner Mitschüler haben sich vor diesem Tag gefürchtet, weil dort ihre beiden schlimmsten Feinde zusammentrafen – Eltern und Lehrer. Mein Vater war mit vielen seiner Kollegen eng befreundet. Ich erinnere mich an einen Tag in der sechsten Klasse: Plötzlich sprang die Klassenzimmertür auf, einer meiner Lehrer stand im Türrahmen – und reichte mir meine

Schweißfußeinlagen hinein. Die hatte ihm mein Vater im Lehrerzimmer mitgegeben, nachdem ich sie daheim vergessen hatte.

Aber ich könnte mir vorstellen, dass es durchaus auch Vorteile hat, wenn der eigene Vater mit den Lehrern befreundet ist?

Sie meinen, weil ein Freund der Familie eher geneigt ist, aus einer Fünf noch eine Vier zu machen? Bei mir war das Gegenteil der Fall. Ich war zum Beispiel in Sport sehr schlecht, ein typischer Teilnehmerurkunden-Abonnent. Mein Sportlehrer hat mir mehrfach bescheinigt, meine Turnfähigkeiten lägen außerhalb des wahrnehmbaren Bereichs. Ausgerechnet mit diesem Kollegen kam mein Vater nun überhaupt nicht klar – was durchaus auf Gegenseitigkeit beruhte. Allein wegen meiner Unsportlichkeit hätte ich wohl ganz unten auf der Beliebtheitsskala meines Sportlehrers rangiert. Weil ich aber der Sohn meines Vaters war, hasste er mich. Aus einer Fünf wurde also eher noch eine Sechs.

Die meisten Lehrer bleiben wegen Ihrer Macken in Erinnerung: Was fällt bei Ihren Eltern auf?

Mein Vater, seines Zeichens Deutschlehrer und bekennender Liebhaber des Rotstifts, hat einen absoluten Korrektur-Zwang. Neben Klausuren in der Schule korrigiert er leidenschaftlich gerne bei uns zuhause das TV-Programm und andere Zeitschriften. Seine Verbesserungen – grammatikalisch wie inhaltlich – schickt er dann an die Redaktionen. Neulich habe ich mich mit einer Journalistin unterhalten, die tatsächlich schon Briefe von meinem Vater bekommen hat, weil ihre Artikel fehlerhaft waren. Meine Mutter steht meinem Vater im Übrigen in Nichts nach: Das Manuskript meines Buches, das ich ihr zum Korrekturlesen gegeben hatte, kam mit zusätzlichen 60 Seiten zurück […].

4. *Erstellen Sie eine Zeitleiste, die das Leben von Wanda mit der deutsch-deutschen Zeitgeschichte kontrastiert.*

Wanda:

Zeitgeschichte: 1989: Fall der Berliner Mauer

5. *Beurteilen Sie das Erziehungsprinzip des Vaters Waldemar Schetelich aus der Sicht eines Jugendlichen der Gegenwart.*

6. *Verfassen Sie ein Szenario zu dem Thema »Wandas Perspektiven im wiedervereinigten Deutschland«.*

7. *Gestalten Sie ein Rollenspiel mit dem Vater Waldemar Schetelich und einem Berufsberater, bei dem die Möglichkeiten einer weiteren beruflichen Tätigkeit nach seiner Beurlaubung diskutiert werden.*

Arbeitsaufträge zur Textsorte Novelle

1. Lesen Sie folgende Definition der Novelle aus einem Literaturlexikon durch, erläutern Sie die Merkmale dieser epischen Form und weisen Sie begründet nach, inwiefern auch »Der Deutschgeber« als Novelle bezeichnet werden kann.

Novelle (ital.: novella = kleine Neuigkeit, zu lat.: novus, novellus = neu) gehört zu den epischen Klein- und Kurzformen (> Epik), im Gegensatz zu Großformen wie Epos und Roman.
Wie der Name bereits sagt, erzählt die Novelle zielgerichtet und in straffer Form »Neuigkeiten« von einem unserer Erfahrungswelt entnommenen bzw. einem möglichen Ereignis. Im Mittelpunkt der dort geschilderten Handlung steht meist ein Konflikt, an dem sich immer auch gegensätzliche Positionen entzünden, und der damit einen Ausgleich zwischen Neuartigem und Bestehendem, Außergewöhnlichem und Gewohntem einfordert.
Um die oft einlinige Handlung im Hinblick auf die angestrebte Konfliktlösung voranzutreiben, gehorcht die Novelle ganz eigenen formalen Gesetzen. Das Herausstellen von Höhe- und Wendepunkten dient dabei ebenso der Leserlenkung wie erzählerische Vorausdeutungen, die Leitmotivtechnik oder die Verwendung von **Dingsymbolen.** Das sind stets wiederkehrende, die Handlung vorantreibende Motive wie die »Buche« in Droste-Hülshoffs Novelle *Die Judenbuche*. Sehr beliebt ist auch die Distanz schaffende **Rahmenerzählung.** [...]

2. In der Novelle »Der Deutschgeber« kommen zahlreiche Motive vor. Recherchieren Sie, was man unter einem »Motiv« versteht, und erläutern Sie die Bedeutung folgender Motive: Tanz/Tanzen, Kleid/Kleidung. Untersuchen Sie, ob weitere Motive im Text vorkommen.

3. »Die Sprache der Novelle ist auch geprägt von Humor und Ironie.« Weisen Sie die Richtigkeit dieser Behauptung anhand ausgewählter Textstellen nach.

4. Die Novelle ist in der Ich-Form geschrieben. Welche Folgen für die Perspektive des Erzählten ergeben sich?
Nehmen Sie die Perspektiven anderer Figuren ein und erzählen Sie aus deren Sicht die Geschehnisse. Suchen Sie dafür geeignete Situationen/Textstellen aus (z. B.: Wie erlebt Esther die Situation, als sie zum ersten Mal in die Klasse kommt?).

Waldemar Schetelich, ein extremer Goethe-Liebhaber?

Waldemar Schetelich kann man als ausgesprochenen Goethe-Experten bezeichnen. In seinem Arbeitszimmer nimmt ein sogenanntes **Goethe-Barometer** einen zentralen Platz ein (vgl. Text S. 7).

1. Untersuchen Sie nach der Lektüre dieses Sachtextes, welche Rolle das Goethe-Barometer im Laufe der Novelle spielt. Denken Sie dabei auch an die symbolische Bedeutung eines Barometers.

Im Besitz des deutschen Dichters und – weniger bekannt – Naturforschers Johann Wolfgang von Goethe befand sich ein dekorativer Wandschmuck, der in Deutschland seither Goethe-Barometer, Goethe-Glas, Goethe-Wetterglas oder auch einfach Wetterglas genannt wird […]. Entgegen einiger Werbeanpreisungen hat es aber nicht Goethe selbst erfunden.

Speziell in den Niederlanden ist dieses Gerät seit 1619 sicher bekannt und verbreitet und wird dort als Donnerglas bzw. auch als Wetterglas bezeichnet. Seefahrer verwendeten ebenfalls eine derartige Konstruktion. Den Pilgrimfathers wird nachgesagt, sie hätten dieses Instrument bereits 1620 von Holland nach Amerika mitgenommen.

Aus der Abbildung ist ersichtlich, dass es sich um ein abgeschlossenes, bauchiges Glasgefäß mit einer langen Ausgussöffnung handelt. Die Ausgussöffnung nennen wir wie bei einer Teekanne Schnabel. Der flache Teller unter dem Glasgefäß dient als Tropfenfänger.

Man füllt das Gefäß bei einem mittleren Luftdruck mit abgekochtem oder destilliertem Wasser etwa halbvoll. Dadurch vermeidet man Blasenbildung und Verkalkung im schlecht zugänglichen Inneren. Im Gefäß und Schnabel soll das Wasser gleich hoch stehen. Durch Anfärben des Wassers lassen sich zusätzliche dekorative Wirkungen erzielen.

Bei hohem Luftdruck sinkt der Flüssigkeitsspiegel im Schnabel, bei niedrigem steigt er. Wegen dieses verbalen Gegensatzes heißt das Gerät auch Goethes Kontrabarometer. Vorausgesetzt wird dabei eine konstante Temperatur. Da dies aber unter normalen Wohnbedingungen kaum garantiert werden kann, ist das Gerät als Barometer praktisch ungeeignet. Aus diesem

Grund wurde es im 19. Jahrhundert als Messinstrument ganz aufgegeben. Als ästhetisch-historisches Relikt hat es sich erhalten.

Der »Naturforscher« Goethe betätigte sich in vielerei Wissenschaftsdisziplinen. Seine Studien in Botanik, Mineralogie, Anatomie und Physik brachten erstaunliche Ergebnisse zu Tage.

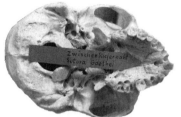

1784 entdeckte Goethe – allerdings nur vermeintlich – den Zwischenkieferknochen

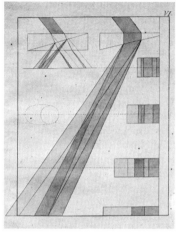

Illustration Goethes zur Lichtbrechung

* * *

Beim Besuch von Waldemars Bruder Johann Schetelich und dessen Frau Mandy (vgl. Text S. 11) zitiert der Gastgeber die Anfangszeilen von Goethes »Tischlied«.

2. *Überprüfen Sie am Gedichttext auf Seite 58, ob Goethes Lob auf die Geselligkeit bei Gesang und Wein auch im Hause Schetelich umgesetzt wird. Untersuchen Sie in den Strophen 4–6, an wen Goethe bei seinem Trinkspruch besonders denkt.*

Eine sehr freie Interpretation des Tischlieds als moderner Rocksong – bei einer Veranstaltung live aufgenommen am 4.12.1998 – findet sich auf der CD »Lutz Görner spricht und singt Goethe SuperStar 4: Auch Goethe 1. Teil« (1999).

Johann Wolfgang von Goethe:
Tischlied (1802)

Mich ergreift, ich weiß nicht wie,
Himmlisches Behagen.
Will michs etwa gar hinauf
Zu den Sternen tragen?
Doch ich bleibe lieber hier,
Kann ich redlich sagen,
Beim Gesang und Glase Wein
Auf den Tisch zu schlagen.

Wundert euch, ihr Freunde, nicht,
Wie ich mich gebärde;
Wirklich ist es allerliebst
Auf der lieben Erde.
Darum schwör ich feierlich
Und ohn alle Fährde,
Dass ich mich nicht freventlich
Wegbegeben werde.

Da wir aber allzumal
So beisammen weilen,
Dächt ich, klänge der Pokal
Zu des Dichters Zeilen.
Gute Freunde ziehen fort,
Wohl ein Hundert Meilen,
Darum soll man hier am Ort
Anzustoßen eilen.

Lebe hoch, wer Leben schafft!
Das ist meine Lehre.
Unser König denn voran,
Ihm gebührt die Ehre.
Gegen inn- und äußern Feind
Setzt er sich zur Wehre;
Ans Erhalten denkt er zwar,
Mehr noch, wie er mehre.

Nun begrüß ich sie sogleich,
Sie, die einzig Eine.
Jeder denke ritterlich
Sich dabei die Seine.
Merket auch ein schönes Kind,
Wen ich eben meine,
Nun, so nicke sie mir zu:
Leb auch so der Meine!

Freunden gilt das dritte Glas,
Zweien oder dreien,
Die mit uns am guten Tag
Sich im Stillen freuen
Und der Nebel trübe Nacht
Leis und leicht zerstreuen;
Diesen sei ein Hoch gebracht,
Alten oder neuen.

Breiter wallet nun der Strom,
Mit vermehrten Wellen.
Leben jetzt im hohen Ton
Redliche Gesellen!
Die sich mit gedrängter Kraft
Brav zusammen stellen
In des Glückes Sonnenschein
Und in schlimmen Fällen.

Wie wir nun zusammen sind,
Sind zusammen viele.
Wohl gelingen denn, wie uns,
Andern ihre Spiele!
Von der Quelle bis ans Meer
Mahlet manche Mühle,
Und das Wohl der ganzen Welt
Ists, worauf ich ziele.

❈ ❈ ❈

Waldemar Schetelich verlangt, dass seine Tochter ein Gedicht von Goethe auswendig lernt und vor den Lehrern vorträgt (vgl. Text S. 14).

3. *Erschließen Sie das vorliegende Gedicht (äußere Form, Inhalt, Kommunikationssituation, Deutung) und beurteilen Sie in diesem Zusammenhang Wandas Verhalten. Berücksichtigen Sie dabei auch die Aussage der Autorin Kerstin Hensel bei ihren Antworten auf Schülerfragen (S. 93).*

Goethe schrieb dieses Gedicht als Teil eines Opern-Projekts »Die Mystifizierten«, das jedoch nie vollendet und aufgeführt wurde. Die Thematik arbeitete er vier Jahre später zu einem Schauspiel mit dem Titel »Der Gross Kophta«, einer Satire auf das Freimaurertum, um (1791). In diesem Stück erschien das Gedicht jedoch nicht. Stattdessen veröffentlichte es Friedrich Schiller im Jahre 1796 als Herausgeber des Musenalmanachs.

Johann Wolfgang von Goethe:
Ein Andres

> Geh, gehorche meinem Winken,
> Nutze deine jungen Tage,
> Lerne zeitig klüger sein:
> Auf des Glückes großer Waage
> Steht die Zunge[1] selten ein;
> Du musst steigen oder sinken,
> Du musst herrschen und gewinnen,
> Oder dienen und verlieren,
> Leiden oder triumphieren,
> Amboss oder Hammer sein.

* * *

Beim »Nachhilfeunterricht« mit Esther Kriegerova zitiert Waldemar Schetelich aus Johann Wolfgang von Goethes »Metamorphose der Pflanzen« (vgl. Text S. 32). Diese Elegie entstand 1798 und wurde von Friedrich Schiller im Musenalmanach des Jahres 1799 veröffentlicht. Zu dieser Zeit lebte Goethe – noch unverheiratet – mit Christiane Vulpius zusammen, die Erich Trunz als »Goethes tüchtige Gartengefährtin, die seinen botanischen Liebhabereien zu Hilfe kam, die Pflanzen pflegte und sich von Herzen freuen konnte über Schönheit und Reichtum der Gartenwelt« bezeichnet.

---

1 die Zunge ist der Zeiger bei einer Balkenwaage (vgl. das »Zünglein an der Waage«), der nur bei Gleichgewicht senkrecht steht.

4. Untersuchen Sie, wie Goethe in dieser Elegie versucht, ein Naturgesetz zu formulieren. Prüfen Sie dabei auch, wie die Elegie in der konkreten Situation der Handlung wirkt.

**Johann Wolfgang von Goethe:
Die Metamorphose der Pflanzen** (1798) Ausschnitt

> Dich verwirret, Geliebte, die tausendfältige Mischung
> dieses Blumengewühls über den Garten umher;
> viele Namen hörest du an, und immer verdränget
> mit barbarischem Klang einer den andern im Ohr.
> Alle Gestalten sind ähnlich, und keine gleichet der andern;
> und so deutet das Chor auf ein geheimes Gesetz,
> auf ein heiliges Rätsel. O könnt' ich dir, liebliche Freundin,
> überliefern sogleich glücklich das lösende Wort! […]

Im weiteren Verlauf der Elegie erläutert das lyrische Ich das Aussehen und die Entwicklung der Pflanzen. Es folgen dann – fett gedruckt – die Zeilen, die Waldemar Schetelich zitiert.

> **Blattlos aber und schnell erhebt sich der zärtere Stängel,
> und ein Wundergebild zieht den Betrachtenden an.
> Rings im Kreise stellet sich nun, gezählet und ohne
> Zahl, das kleinere Blatt neben dem ähnlichen hin. […]
> Immer staunst du aufs Neue, sobald sich am Stängel die Blume
> über dem schlanken Gerüst wechselnder Blätter bewegt.
> Aber die Herrlichkeit wird des neuen Schaffens Verkündung;
> ja, das farbige Blatt fühlet die göttliche Hand,** […]

> Wende nun, o Geliebte, den Blick zum bunten Gewimmel,
> das verwirrend nicht mehr sich vor dem Geiste bewegt.
> Jede Pflanze verkündet dir nun die ew'gen Gesetze,
> jede Blume, sie spricht lauter und lauter mit dir.
> Aber entzifferst du hier der Göttin heilige Lettern,
> überall siehst du sie dann, auch in verändertem Zug:
> Kriechend zaudre die Raupe, der Schmetterling eile geschäftig,
> bildsam ändre der Mensch selbst die bestimmte Gestalt.
> O, gedenke denn auch, wie aus dem Keim der Bekanntschaft
> nach und nach in uns holde Gewohnheit entspross,
> Freundschaft sich mit Macht aus unserm Innern enthüllte,
> und wie Amor zuletzt Blüten und Früchte gezeugt.
> Denke, wie mannigfach bald die, bald jene Gestalten,
> still entfaltend, Natur unsern Gefühlen geliehn!
> Freue dich auch des heutigen Tags! Die heilige Liebe
> strebt zu der höchsten Frucht gleicher Gesinnungen auf,
> gleicher Ansicht der Dinge, damit in harmonischem Anschaun
> sich verbinde das Paar, finde die höhere Welt.

In der antiken Lyrik war die **Versform der Distichen** (vgl. Text S. 32) Kennzeichen der elegischen Gattung. Die ständige Wiederkehr der beiden Metren ist das beharrende, immer gleiche Grundmodell des Gedichts, so wie an der Pflanze das Blatt als einheitliches Grundorgan durch den gesamten Wachstumsvorgang mit seinen wechselnden Phasen hindurchgeht. Wie das Versmaß mit seinem **Wechsel von Hexameter und Pentameter** dem thematisierten Prinzip von Diastole und Systole der Pflanzengenese entspricht und dadurch die gegenständliche Aussage objektiviert, so bringen die Distichen auch die Einheit von Darstellungsweise und Darstellungsabsicht zur Anschauung: Polarität und Steigerung, beides Grundgesetze der Natur, werden im Schlussteil der Elegie auf Tiere und Menschen ausgedehnt. So fällt auch der Mensch mit seiner innersten Regung, der Liebe, unter dieses natürliche Gesetz der Metamorphose.
Die Steigerung »Bekanntschaft – Freundschaft – Liebe« entspricht auch hier einer natürlichen Entwicklung, indem sie sich langsam aufbaut und sich Stufe für Stufe weiterentwickelt.

* * *

Als Hannelore Schetelich ihren Mann verlässt, kommentiert er diesen Vorgang höchst sarkastisch mit einer Zeile aus einem Gedicht von Goethe (vgl. S. 43).

5. Untersuchen Sie, inwieweit das Gedicht der tatsächlichen Situation angepasst ist. Überprüfen Sie auch, ob ein DDR-Bürger dieses Gedicht in den Jahren 1989/1990 als zeitgeschichtlichen Kommentar verwenden könnte.

Johann Wolfgang von Goethe:
Lasst fahren hin das allzu Flüchtige! (1825)

> Lasst fahren hin das allzu Flüchtige!
> Ihr sucht bei ihm vergebens Rat;
> In dem Vergangnen lebt das Tüchtige,
> Verewigt sich in schöner Tat.

> Und so gewinnt sich das Lebendige
> Durch Folg aus Folge neue Kraft;
> Denn die Gesinnung, die beständige,
> Sie macht allein den Menschen dauerhaft.

> So löst sich jene große Frage
> Nach unserm zweiten Vaterland;
> Denn das Beständige der irdschen Tage
> Verbürgt uns ewigen Bestand.

* * *

Waldemar Schetelich ist Deutschlehrer in der ehemaligen DDR. Der folgende Text von Claudia Knetsch befasst sich mit der Rezeption Goethes durch die offiziellen Vertreter des Staatsapparats in den Anfangsjahren der Republik.

6. *Vergleichen Sie das Goethe-Verständnis der DDR-Staatsführung mit der Auffassung von Waldemar Schetelich.*

Zur offiziellen Goethe-Rezeption in der DDR

Tote können nicht antworten. So befragt die Nachwelt stellvertretend das Werk der großen Dichter und Denker. Dies ist Grundlage der Rezeption und deren gängige Methode. Was geschieht jedoch, wenn das Werk der Verstorbenen zu Themen befragt wird, die vor dem Hintergrund der jeweiligen Lebensdaten außerhalb von deren Gedankenhorizont liegen mussten?

Die Folge sind anachronistische Verzerrungen und schablonenhafte Aktualisierungen. Exemplarisch für eine solche Befragung steht das erste Jahrzehnt der deutschen Teilung: Wäre Schiller Kommunist geworden? Für welche Staatsbürgerschaft hätte sich Goethe 1949 entschieden? Um solcherlei polemisch zugespitzte Fragestellungen kulminierten die Goethe- und Schillerfeierlichkeiten der Jahre 1949 bis 1959. Von Seiten des östlichen Deutschlands handelte es sich dabei um rein rhetorische Fragen, denn – so Johannes R. Becher *(Schriftsteller und ab 1954 erster DDR-Kulturminister; Anm. d. Hrsg.)* – die beiden Großen von Weimar warteten darauf, »dass der klassischen Literatur [...] eine klassische Politik folgen werde«. Dies sei nun in der DDR der Fall: Das klassische Humanitätsideal habe im sozialistischen Humanismus seine Verwirklichung gefunden.

Eine Reihe von Jubiläen – der zweihundertste Goethe- bzw. Schillergeburtstag 1949 und 1959 sowie der hundertfünfzigste Todestag Schillers 1955 – boten der SED die geeignete Bühne, um der Bevölkerung die beiden Geistesfürsten von Weimar als Vorkämpfer des Sozialismus zu präsentieren. [...] In kaum zu übertreffendem Pathos blickte Johannes R. Becher in seiner Geburtstagsrede weit auf, zu dem »Reich, das Goethe heißt«. [...]

Von pluralistischen Goethe- und Schillerbildern konnte im Osten Deutschlands keine Rede sein. Hier habe man den »wahren« Goethe und Schiller wiederentdeckt. Mit zunehmender Einflussnahme der SED wurde in den fünfziger Jahren ein einheitliches Bild der beiden Klassiker buchstäblich in Stein gehauen. Eingemauert und zementiert war das marxistische Goethe- und Schillerbild, mithin die parteioffizielle Sichtweise, bis in die siebziger Jahre hinein verbindliche Interpretationsvorgabe.

Der Führungsriege der SED-Ideologen dienten Goethe und Schiller im ersten Jahrzehnt der deutschen Teilung als unerschöpfliche Zitatenspender. Ihr Werk wurde spätestens 1949 »neu gelesen« und dabei gefundene

semantische Bruchstücke zur Stützung der eigenen Ideologie herangezogen. Bekannt sind Goethes Worte, dass der einzelne nicht ohne das Ganze ist. Nun denn: So müsse man ihn auch als Vordenker des Kollektivismus bezeichnen. […]
Sowohl Goethe als auch Schiller wurden in den fünfziger Jahren herangezogen für die von der SED forcierte Deutschlandpolitik. Beide seien Vordenker eines einheitlichen Nationalstaates gewesen. Im Kontext der zeitgeschichtlichen Situation müsse man diese Bestrebungen nun im Sinne eines Gesamtdeutschlands unter sozialistischen Vorzeichen interpretieren […].
Doch nicht nur hinsichtlich der politischen Visionen der Großen von Weimar, auch im poetischen Werk ließen sich Schnittstellen mit der Gegenwart ausmachen. Mit Blick auf die beabsichtigte Verankerung des sozialistischen Realismus als offizielle Kunstauffassung wies man in phrasenhafter Wiederholung darauf hin, dass Goethe »das Abstrakte« stets abgelehnt, und alles »Konkrete und Gegenständliche hervorgehoben« habe […].
Letztlich verfolgen solcherlei Kontinuitätsbeteuerungen wohl eine Verbindung von allem mit jedem, alles gehe ineinander über: Wie der klassische Humanismus Teil des sozialistischen Humanismus, so sei auch der klassische Realismus Bestandteil des sozialistischen Realismus. Die Legitimation des neu gegründeten Staates durch die unermüdliche Berufung auf die deutsche Klassik zielte dabei stets nach innen als auch nach außen. Die Botschaft vernahm man wohl, allein nicht zuletzt der eigenen Bevölkerung fehlte der Glaube daran.
Abschließend darf nicht unerwähnt bleiben, dass Goethes Faust zum Nationalepos der DDR avancierte. Fausts Vision vom freien Volk auf freiem Grund habe die Verhältnisse in der DDR visionär vorweggenommen. Das östliche Deutschland erschien in diesem Lichte als ein Staat produktiver Faust-Nachkommen, als Inkarnation alles Wahren, Schönen und Guten. In solcherlei Art und Weise versuchte man – im Sinne der nachfolgenden Worte Walter Ulbrichts (*Generalsekretär der SED, ab 1960 auch Staatsratsvorsitzender der DDR; Anm. d. Hrsg.*) – der Bevölkerung das Gefühl zu vermitteln, sie lebe auf der Gewinnerseite der Geschichte:
»Eigentlich fehlt […] noch ein dritter Teil des Faust. Goethe hat ihn nicht schreiben können, weil die Zeit dafür noch nicht reif war. […] Erst weit über hundert Jahre, nachdem Goethe die Feder für immer aus der Hand legen musste, haben […] alle Werktätigen der Deutschen Demokratischen Republik begonnen, diesen dritten Teil des ›Faust‹ mit ihrer Arbeit, mit ihrem Kampf für Frieden und Sozialismus zu schreiben. Der Sieg des Sozialismus in der DDR und die Vereinigung des ganzen deutschen Volkes in einem einheitlichen, friedliebenden, demokratischen und sozialistischen Staat wird diesen dritten Teil des Faust abschließen.«

Jugendliche, Schule und Deutschunterricht in der DDR der 70er und 80er Jahre

Die Autorin Jana Hensel (nicht verwandt mit Kerstin Hensel!) reflektiert in ihrem Buch »Zonenkinder« ihre Jugend (0–13 Jahre) in der DDR und vergleicht damit ihre nächsten 13 Jahre im wiedervereinigten Deutschland. Dabei thematisiert sie unter anderem das Verhältnis zwischen Kinder und Eltern sowie die Situation in der polytechnischen Schule.

1. Nutzen Sie die folgenden Auszüge zu einem Vergleich mit der Situation von Wanda in »Der Deutschgeber«.

Jana Hensel: Zonenkinder

Für die Gespräche zu Hause gab es aus diesem Grund wichtige Regeln, die wir nicht verletzen durften. Man quatschte bei den Monologen der Eltern nicht dazwischen, meldete keine Zweifel an und stellte keine rhetorischen Fragen. Diskussionen konnten unsere Eltern sehr aufbringen. Nicht nur, dass sie meinten, wir Grünschnabel wollten beweisen, wie westdeutsch wir schon waren und wie gut wir das System verstanden hatten, nein, unsere Eltern glaubten in solchen Momenten nur noch mehr, zeigen zu müssen, wie sehr sie die heutigen Zustände, wie sie sagten, durchschauten. Ohne Unterbrechung würden sie uns über Arbeitslosigkeit, soziale Kälte, Korruptheit im Bundestag, die ostdeutsche Misere und den Bundesdeutschen, den sie Bundi nannten, in seiner natürlichen Umgebung aufklären müssen. Wir konnten es nicht mehr hören. (S. 71–73)

Erinnere ich mich an meine Kindheit, dann sehe ich wilde Gelage bis tief in die Nacht vor mir, bei denen niemand um zehn Uhr aufstand und nach Hause ging. Um diese Zeit wurden die Schnapsflaschen aus dem Delikat überhaupt erst hervorgeholt und die zehnte Tüte Engerlinge in die Kristallschale aus Prag gekippt. Die Muttis tranken Mocca Edel, Rosenthaler Kadarka oder Rotkäppchen-Sekt, und für uns Kinder wurde Eierlikör in Waffelbechern mit innen Schokolade ausgeschenkt, in die wir genussvoll unsere Zungen versenken konnten. Dann schwang sich einer der Väter zum Sprecher des Abends auf, und so, als sei er der Anführer einer kleinen revolutionären Bewegung, schimpfte er laut über die heutigen Zustände und darüber, was die Kommunisten aus uns und überhaupt aus diesem ganzen Land gemacht hätten. Wenn des Anführers Ehefrau ängstlich guckte und den Zeigefinger an den Mund legte, wussten wir Kinder, dass jetzt der rechte Zeitpunkt gekommen war, genauer hinzuhören.

Doch im Grunde kannten alle das Gerede schon; der Redner musste nicht erst lange Überzeugungsarbeit leisten. Man war sich schnell einig:

Im Westen war alles besser, und wenn man dieselben Möglichkeiten hätte wie die da drüben, wäre man schon längst jemand ganz anderes. Wenn sie einen doch nur mal an den Schalter ließen. Zum Schluss erzählte ein anderer Vati Honi- und Gorbiwitze. Wir Kinder, die Zungen noch immer im Eierlikör, versuchten noch einmal, genau hinzuhören und uns die Witze zumindest bis Montagmorgen, erste große Pause, zu merken. Damit könnte es uns gelingen, die anderen in der großen Auswertungsrunde zu *Wetten dass?*, das wir ja leider nicht gesehen hatten, in den Schatten zu stellen: Aber da wurden wir schon mit alkoholischen Gute-Nacht-Küssen ins Bett geschickt. (S. 77–79)

Wir waren immer bereit, ein Amt zu übernehmen. Der Agitator schrieb Berichte über die Männer an der Trasse oder las der Klasse hinter einem zum Fernseher umgebauten Schuhkarton die Highlights der Aktuellen Kamera vor. Der Schriftführer, das war eins der schönsten Mädchen mit der schönsten Schrift, verfasste im Gruppenbuch lange Aufsätze über den letzten Pioniernachmittag. Der Brigadeleiter kontrollierte die Hausaufgaben, der Klassenbuchdienst trug das Klassenbuch, der Milchdienst holte die Milch, und der Kassierer kassierte. Wir alle kämpften um das Sportabzeichen, die Schwimmstufe III und die Auszeichnung für gutes Lernen. Zum Fahnenappell erschienen wir mit Halstuch und Käppi. Zu Muttis Freude hatten wir immer ein sauberes Taschentuch in der Tasche [...]. Meine Schreibhefte hatten keine Eselsohren, das Hausaufgabenheft war immer vorgetragen, und in Mathe gab ich mir Mühe, beim Zahlenschreiben nicht an den oberen blauen Kästchenrand zu stoßen.
Alle sollten sich auf mich verlassen können. Ich war einer der jüngsten Staatsbürger der jungen DDR und sollte den Sozialismus weiterbringen, damit er vielleicht doch noch, eines fernen Tages, zum Kommunismus würde. Es war unser großes Glück, dass wir in Frieden und Sozialismus

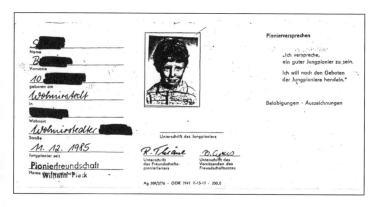

geboren und aufgewachsen sein durften, Krieg und Bomben, Not und Hunger nicht am eigenen Leib verspüren mussten. Aber noch immer waren die drohenden Wolken der Kriegsgefahr nicht verschwunden, der Kampf unseres Volkes um den Frieden nicht zu Ende gefochten. Auch ich musste meinen Mann stehen und, notfalls mit der Waffe in der Hand, verhindern helfen, dass die imperialistische Gefahr sich weiter ausbreitete. (S. 84–86)

Unsere Eltern verlangten von uns, dass wir clever waren. Wir mussten erkennen, dass ein Amt im Gruppenrat uns helfen mochte, einen Abiturplatz zu ergattern und später studieren zu können […]. Auf keinen Fall sollten wir es uns durch auffälliges Verhalten mit irgendjemandem verscherzen. Unsere Eltern hassten es, wenn wir wieder eine Drei in Betragen, Ordnung, Mitarbeit oder Fleiß bekommen hatten und sie Samstagmittag in der Schule antanzen durften, um sich von unseren Klassenlehrern im Lehrerzimmer sagen zu lassen, was sie in ihrer Erziehung falsch machten. Allein um ihnen das zu ersparen, setzen wir uns in die zweite Bankreihe und, wenn möglich, ganz nah an den Streber.

Es war für mich immer das höchste Gebot, schon vorher zu wissen, was man von mir verlangte. So konnte ich unerkannt bleiben. Ich wollte weder durch übertriebene Kenntnis im Geschichtsunterricht auffallen, noch kiloweise Altpapier in die Schule schleppen. Das war eigenartig. Niemand hatte bei Klassenfahrten zu viel Westschokolade im Campingbeutel. Wenn ich meine guten Sachen nur zu den Familienfeiern und im Theater, aber nicht in der Schule trug, dann war das in jedem Falle besser, als wenn über mich gesprochen worden wäre. Überhaupt, es sollte kein Gerede entstehen. Nicht auffallen und immer Durchschnitt bleiben. Väter, die in einem Fußballklub oder einer Gaststätte arbeiteten, waren genauso verdächtig wie Familien, die zwei Autos oder vier Kinder hatten oder bei denen die Mütter nicht arbeiten gingen. Mit Mitschülern, bei denen man nicht mit in die Wohnung durfte und die häufig Bananen in ihrer Brotbüchse hatten, sollten wir uns auch nicht zu sehr einlassen. Bei Kindern ohne Vater, das war dasselbe, wusste man auch nie, woran man war. (S. 90–91)

2. *Selbstverständlich gab es auch in der DDR für den Deutschunterricht Lehrpläne, an die sich die Lehrer halten mussten. Im Folgenden finden Sie Auszüge aus Lehrplänen der Jahre 1985–1987. Dabei stellt sich u. a. die Frage, wie das Thema »Goethe« im Deutschunterricht behandelt werden sollte. Nach der Lektüre dieser Lehrplan-Auszüge sollten Sie einerseits überdenken, ob Waldemar Schetelich sich an diese Vorgaben gehalten hat, andererseits wäre aus eigener Sicht zu klären, ob Sie heute gerne nach diesen Vorgaben unterrichtet werden wollten.*

Auszüge aus dem Lehrplan »Deutsche Sprache und Literatur« herausgegeben vom Ministerrat der Deutschen Demokratischen Republik – Ministerium für Volksbildung

8. Jahrgangsstufe

Der Literaturunterricht soll zur Festigung des Klassenstandpunktes der Schüler beitragen, ihnen Leitbilder für die parteiliche Entscheidung für Frieden, Demokratie und Sozialismus, für unser sozialistisches Vaterland, für internationale Solidarität und aktive Anteilnahme am weltweiten Klassenkampf gegen den Imperialismus vermitteln und sie für die schöpferische Mitarbeit an der Vollendung des Sozialismus in der Deutschen Demokratischen Republik begeistern. Die Erziehung zur kämpferischen Haltung und zur Bereitschaft, die Deutsche Demokratische Republik zu festigen und zu verteidigen, soll durch die Literatur starke Impulse erfahren.

Ziele und Aufgaben des Literaturunterrichts in den Klassen 9 und 10

Der Unterricht im Fach Deutsche Sprache und Literatur trägt entscheidend dazu bei, sozialistische Menschen zu formen, die sich durch ein hohes Kulturniveau, durch einen hohen Grad der Sprachbeherrschung sowie durch Liebe zur Muttersprache und zur humanistischen Literatur auszeichnen […].

Der Literaturunterricht bringt den Schülern ihre Stellung in der sozialistischen Gesellschaft tiefer zum Bewusstsein, entwickelt ihr sozialistisches Geschichts- und Perspektivbewusstsein und hilft ihnen einen festen Klassenstandpunkt zu gewinnen. Er trägt wesentlich dazu bei, sozialistische Verhaltensweisen zu festigen, Verantwortung für das Ganze zu übernehmen und klassenbewusste Entscheidungen zu treffen. Die Möglichkeit des Literaturunterrichts, auf die gesamte Persönlichkeit der Schüler einzuwirken, sind zu nutzen, um ihre Liebe zum sozialistischen Vaterland, zur Arbeiterklasse und zu ihrer marxistisch-leninistischen Partei und die Freundschaft mit der Sowjetunion und den anderen sozialistischen Brudervölkern zu vertiefen. Untrennbar damit verbunden ist die Erziehung zum Hass gegen den Imperialismus und Militarismus und zur Solidarität mit allen für Frieden, Freiheit und nationale Unabhängigkeit kämpfenden Völkern.

9. Jahrgangsstufe

Lenkung der Freizeitlektüre und Einbeziehung der Kunsterlebnisse der Schüler in den Unterricht ist durchgängiges Prinzip des Literaturunterrichts. Die für diesen Zweck gesondert zur Verfügung gestellte Zeit ist ohne Einschränkung voll zu nutzen. Die Stunden sind so auf das Schuljahr zu verteilen, dass die Schüler immer wieder Gelegenheit erhalten, über ihre Literatur- und Kunsterlebnisse im Klassenkollektiv zu berichten, ihre Eindrücke und Meinungen in den Unterricht einzubeziehen und auszutauschen.

10. Jahrgangsstufe

Die Kenntnisse der Schüler über Gedichte und Balladen sowie über die Biographien Goethes und Schillers werden ergänzt und zusammengefasst. An diesen Balladen begreifen die Schüler das Bemühen der bürgerlich-klassischen Dichter um Volkstümlichkeit und erzieherische Wirkung. […] Der Vortrag von Balladen, die von den Schülern in vorangegangenen Klassen auswendig gelernt wurden, wird wiederholt.
[…] In Klasse 10 werden folgende Gedichte beziehungsweise Texte von den Schülern auswendig gelernt: Goethe: Fausts letzte Worte; Heine: Ein neues Lied […] (Aus: Deutschland – ein Wintermärchen, Cap. I); Heine: Enfant perdu
[…] Bei der Betrachtung bedeutender Werke der deutschen Klassik sollen die Schüler mit wesentlichen Zügen dieser literarischen Epoche als einem Höhepunkt der Entwicklung unserer Nationalliteratur vertraut gemacht werden. Sie erfassen die Größe und Schönheit, den tiefen humanistischen Gehalt und künstlerischen Reichtum der klassischen Literatur und werden befähigt und angeregt, sich die Werke des klassisch-humanistischen Erbes in ihrem späteren Leben vom Standpunkt des sozialistischen Menschen immer tiefer und umfassender anzueignen. Sie begreifen den realistischen Gehalt und die Gestaltung des klassischen bürgerlichen Ideals vom Menschen in den Werken Goethes und Schillers und werden zu der Überzeugung geführt, dass das humanistische Erbe unverlierbar zur sozialistischen Kultur gehört.

3. In dem folgenden 1975 erschienenen Beitrag von Ulrich Hennicke, Direktor der Erweiterten Oberschule »Friedrich Schiller« in Weimar, werden Selbstverständnis der Pädagogen und die Zielsetzung der schulischen Erziehung in der DDR deutlich. Stellen Sie diese Aspekte dar und nehmen Sie kritisch Stellung dazu. Klären Sie, inwiefern sich dieses Bild von Schule in der Novelle widerspiegelt.

Ulrich Hennicke: Unser Weg ins Leben

Die zurückliegenden dreißig Jahre seit der Befreiung vom Hitlerfaschismus stellten an das Schulwesen unserer Stadt mehr und größere Aufgaben, als es die Jahrhunderte davor taten. Uns Lehrern gelang die Bewältigung eines bedeutenden revolutionären Prozesses, weil immer mehr Mitbürger unter Führung der Arbeiterklasse und ihrer marxistisch-leninistischen Partei in harter täglicher Arbeit die hierfür entscheidenden gesellschaftlichen Voraussetzungen schufen. In den letzten Kriegsjahren war der Bildungsstand stark gesunken. Die Jugend war in ihrem Denken und Fühlen von der faschistischen Ideologie in die Irre geleitet. Viele Ideale waren hohl und fragwürdig geworden. Andererseits besaß die junge Generation nur völlig verzerrte Vorstellungen von den Zielen der fortschrittlichen und demokratischen Kräfte.

Die Wiederaufnahme des Unterrichts rückte in greifbarer Nähe, als die Sowjetische Militäradministration ihren Befehl Nr. 40 vom 25. August 1945 erließ. […]

Es gelang, das jahrhundertealte Bildungsprivileg der besitzenden Klassen zu brechen. Damit wurde eine Grundforderung der deutschen Arbeiterbewegung und der fortschrittlichen Pädagogen verwirklicht. Gleichzeitig wurde damit begonnen, die Kinder der Arbeiter und Bauern, denen bisher der Zugang zu höherer Bildung nur in Ausnahmefällen möglich gewesen war, in die Oberschulen zu delegieren und ihre Entwicklung zu fördern. […]

Wir wollen alle Kinder des Volkes zu überzeugten Sozialisten und Kommunisten erziehen, die beim Kampf um den Sieg des Sozialismus mit patriotischer Leidenschaft und internationalistischer Hingabe höchste Leistungen vollbringen. Mit Freude können wir verfolgen, wie die Jungen Pioniere und Mitglieder der Freien Deutschen Jugend immer mehr Verantwortungsbewusstsein, Disziplin, Fleiß, Gewissenhaftigkeit, unerschöpflichen Wissensdrang bei der Aneignung der Grundlagen aller Wissenschaften an den Tag legen. Es gehört zu den erregendsten Erfahrungen meines Lebens mitzuerleben, wie die Freie Deutsche Jugend und ihre Parteiorganisation immer mehr zum gleichberechtigten und gleichverpflichteten Partner in den Schulen wurden, wie die Mädchen und Jungen immer mehr von Liebe und Stolz auf unsere Republik erfüllt sind und in wachsendem Maße Verantwortung für das Ganze im Schulleben übernehmen. Immer waren es gesellschaftliche Höhepunkte, die Lehrern und Schülern neue Impulse verliehen: von der Feier zum 200. Geburtstag Goethes 1949, über das Deutschlandtreffen der FDJ im Mai 1950, wo wir uns mit einer halben Million Friedenskämpfer zu einer machtvollen Demonstration vereinten, bis hin zu den X. Weltfestspielen der Jugend und Studenten 1973 in der DDR-Hauptstadt Berlin mit ihrer großartigen Manifestation der internationalen Solidarität und der Freundschaft mit der fortschrittlichen Jugend der Welt.

Ein Tag in Buchenwald

Nach dem für Wanda enttäuschenden Pionierlager an der Ostsee bietet der Vater seiner Tochter – gleichsam als Entschädigung – eine Fahrt nach Weimar an. Am zweiten Tag besuchen sie das ehemalige Konzentrationslager Buchenwald (vgl. Text S. 26–28).

1. Setzen Sie sich mit dem jeweils unterschiedlichen historischen und ideologischen Hintergrund der folgenden Textmaterialien auseinander.

2. Erschließen Sie aus den vorliegenden Materialien, was Wandas Vater meint, wenn er am Schluss sagt, das sei alles »sowieso nur die halbe Wahrheit« (vgl. Text S. 27).

3. Vergleichen Sie ggf. die Eindrücke von dem Besuch der Gedenkstätte im Text mit eigenen Erfahrungen bei Besuchen von ehemaligen Konzentrationslagern.

Auszüge aus der Rede des Ministerpräsidenten der DDR, Otto Grotewohl, zur Einweihung der nationalen Mahn- und Gedenkstätte Buchenwald im Jahre 1958

Die Konzentrationslager wurden vom Nazi-Regime errichtet, um den Widerstand des deutschen Volkes gegen die faschistische Diktatur und die Kriegsvorbereitungen zu brechen.
Die ersten Gefangenen waren deutsche Antifaschisten.
Unbeugsam, von der Gerechtigkeit ihrer Sache überzeugt und des Sieges gewiss, gaben sie ihren Kampf nicht auf.
Sie verkörperten das bessere Deutschland und retteten die Ehre der deutschen Nation.
Nach dem Beginn des II. Weltkrieges verschleppten die Hitlerfaschisten Patrioten aus allen überfallenen Ländern in Konzentrationslager.
Dem Terror der SS wurde der internationale Widerstand entgegengesetzt. Die Kommunisten standen dabei an der Spitze.
Die Antifaschisten in diesem Lager leisteten ihren Beitrag zum Triumph der Menschlichkeit gegen die Barbarei. […]
Allen, die ihr Bestes und Höchstes, ihr Leben gaben, haben wir hier für alle Zeiten im Herzen Deutschlands auf blutgetränkter Erde die Mahn- und Gedenkstätte errichtet. Es soll den kommenden Generationen künden vom unvergänglichen Ruhm des mutigen Kampfes gegen die Tyrannen, für Frieden, Freiheit und Menschenwürde. Wir rufen die Lebenden zum Handeln; wir mahnen sie, im Kampf gegen den Faschismus nicht zu erlahmen und die Menschen für den Frieden der Welt weiter zum Erfolg zu führen.

Wir dürfen nicht noch einmal zulassen, dass die Welt in Blut und Elend gestürzt wird und die Völker an den Rand einer Katastrophe gedrängt werden.
In die Hände der friedliebenden Menschen ist die Entscheidung gelegt, ob die Völker den Weg des Friedens gehen oder dem Abgrund eines dritten Weltkrieges zusteuern.

Aus einer Informationsbroschüre für die nationale Mahn- und Gedenkstätte Buchenwald aus dem Jahre 1984

Menschen, die ihr,
von Weimar kommend,
den Ettersberg besucht, vergesst nie,
was hier geschah.

Im Juli 1937 entstand hier in unmittelbarer Nähe von Weimar, dem Wirkungsort großer deutscher Humanisten, eine Stätte der Grausamkeit und Unmenschlichkeit, das Konzentrationslager Buchenwald.

Ein brutales System von Misshandlungen, der unbeschränkten Freiheitsberaubung und des Massenmordes sollte den Widerstand gegen die faschistische Herrschaft und ihren Raubkrieg brechen. Der Terror verschonte keinen Gegner des Hitlerregimes.
Kommunisten, Sozialdemokraten, bürgerliche Demokraten, Christen und Pazifisten, Kämpfer aller vom deutschen Faschismus unterdrückten Nationen litten und kämpften hier.
In den Konzentrationslagern wurden in 12 Jahren 18 Millionen Menschen gepeinigt und ausgebeutet.
Für 11 Millionen Menschen gab es keine Rückkehr in die Freiheit. Sie wurden vergast, erschlagen, gehenkt und erschossen.

Aktuelle Informationen der Stiftung Buchenwald und Mittelbau-Dora (2013)

Bei den Massengräbern des KZ am Südhang des Ettersberges errichtet die DDR 1958 ein weithin sichtbares KZ-Denkmal. Seine Monumentalität soll zwar auch das Ausmaß der Buchenwalder Verbrechen widerspiegeln, doch der DDR dient es vorrangig als Nationaldenkmal. Im Zentrum stehen die deutschen kommunistischen Widerstandskämpfer. Mit ihrer Geschichte soll der Führungsanspruch der SED in der DDR legitimiert werden

Das sogenannte Speziallager Nr. 2 Buchenwald war eines der insgesamt zehn Lager und drei Gefängnisse in der sowjetischen Besatzungszone, die von der Besatzungsmacht zur Internierung von Deutschen benutzt wurden. Seit August 1945 führte der sowjetische Sicherheitsdienst die vorhandenen Baulichkeiten des Konzentrationslagers Buchenwald weiter. Vorrangig wurden dort lokale Funktionsträger der NSDAP, aber auch Jugendliche und Denunzierte interniert. Jeglicher Kontakt nach außen wurde unterbunden, ein auch nur im Ansatz rechtsförmiges Verfahren fand nicht statt.
Von den 28.000 Insassen starben vor allem im Winter 1946/47 über 7000 an den Folgen von Hungerkrankheiten. Im Februar 1950, kurz nach der Gründung der DDR, wurde das Lager von den Sowjets aufgelöst.

Der Journalist Thomas Schmid schrieb in »DIE WELT online« am 4. 9. 2012:

Die Gedenkkultur darf sich nicht wie eine Grabplatte aus lauter guten Absichten über den Ort der Verbrechen legen. Zu DDR-Zeiten war Buchenwald genau das: ein Ort, der den Heroismus der Antifaschisten und die angebliche moralische Überlegenheit der DDR bezeugte. Und der das Leid der Lagerinsassen zu einer abgeleiteten Größe werden ließ.

Die Autorin Kerstin Hensel erinnert sich an ihre eigene Schulzeit:

Vieles, was in der Geschichte passiert ist, ist uns vorenthalten worden. Die Schulbücher waren voll von Formeln, Geschichte wurde nicht vermittelt, sondern vorgesetzt. Die Schäden, die dabei entstanden, sind enorm.

Die Novelle im Spiegel der Literaturkritik

1. Rezensionen enthalten immer einen gewissen Anteil an Informationen und an der Meinung des Verfassers. Achten Sie bei den folgenden Beispielen darauf und notieren Sie, in welchem Verhältnis diese beiden Elemente stehen, welche Position der Verfasser letzten Endes vertritt und ob er seine Meinung nachvollziehbar begründet.

Ulrike Baureithel in der Zeitschrift »Der Freitag« am 14. 3. 2012:

Federleichte Fingerübung

[...] Kerstin Hensel präsentiert eine Novellensammlung über verwirrte Liebesverhältnisse und erzählt mit Lust an den Geschichten und den Figuren, die sie tragen.
Feder: federn, Feder führen, Federn lassen, federweiß, Federgewicht, Federvieh, Federhalter, Federlesen, federleicht ... Die deutsche Sprache kennt viele Worte und Umschreibungen, die das Vogelkleid aufrufen und semantische Felder aufspannen. Kerstin Hensel macht daraus ein titelgebendes *Federspiel*, das auf das Flüchtige einer Feder ebenso anspielt wie auf seine Substanz im Akt des Schreibens. Als Liebesnovellen firmieren die drei sehr unterschiedlich ausgeführten Erzählungen, wobei die darin vorgestellten Lieben so disparat und widerspenstig sind wie die gelegentlich sich sträubend aufstellende oder in Glücksmomenten eben gefügige Feder.
[...] realistischer malt Hensel die Liebe zwischen dem Deutschlehrer Waldemar Schetelich, dem »Deutschgeber«, und seiner Tochter Wanda aus, die im silbischen Rhythmus von Vater, Wanda ineinander verkettet sind: »Er rief, und ich folgte dem Ruf«, lautet die Kurzformel dieser halbinzestuösen Beziehung, die die Liebe der Mutter Hannelore ausschließt. Wenn Wanda für den Vater tanzen soll, steckt er ihr eine Feder ins Haar, die sie später jedoch vertauscht gegen die vor dem Vater geheim gehaltene Schreibfeder. Wanda ist für den von Goethe besessenen Bildungsbürger Waldemar, der sich dem Kollektiv der DDR-Gesellschaft überlegen fühlt, nicht nur lautmalerisch »das Andre«, sie wird auch eine Andere an dem Tag, als sie den »Schädel« genannten Lehrer vermeintlich bloßstellt und eine lange Phase der Entzauberung beginnt.
Hensel erzählt mit Lust an den Geschichten und den Figuren, die sie tragen: Der Unsympath Waldemar Schetelich etwa, der seine Tochter mit Versen und seinen zu Boden fallenden Silben füttert, ist durch und durch komisch und auch ein bisschen tragisch, weil die suchende Seele offiziell auf dem Index steht und sich nur auf fragwürdigen Nebengleisen entblößen kann. Die Hoffnungen der schon Gealterten sind hinfällig geworden. Doch den Jüngeren, zumal den Frauen, die sich in den Liebes-

verhältnissen verwirrt und verirrt haben, gelingt es, in neue Stoffe gehüllt, auszubrechen.
So beweist sich in dieser kleinen Prosasammlung einmal mehr Hensels ethnologischer Blick auf die Überbietungen der Realität, die, wie sie glaubt, von keiner fiktionalen novellistischen »Unerhörtheit« einzuholen sind. Hie und da sind die Stoffe zu spielerisch aufgeworfen, mit kleinen Knötchen im Gewebe. […]
So hübsch das Spiel mit den auffliegenden Federn ist, wirkt es in der Gesamtkonzeption doch etwas konstruiert. […] Nennen wir das Henselsche also eine ganz federleichte Fingerübung, bezaubernd, aber auf Vollendung harrend.

**Michael Opitz im Büchermarkt des dradio
am 17. 9. 2012:**

Wenn Töchter sich emanzipieren

Drei Töchter stehen im Mittelpunkt von Kerstin Hensels Novellen in dem Band »Federspiel«. Zum Dienen erzogen, lösen sich die Frauen allmählich aus der Kommandogewalt der Familie, finden dadurch zu sich und zu einer anderen Leichtigkeit.

[…] die dritte Geschichte des Bandes mit dem Titel »Der Deutschgeber«. Der Vater von Wanda, ein sprachbesessener Deutschlehrer, der seine Tochter in goethescher Sprachmanier zu unterrichten gedenkt, hat zunächst mit seinen Erziehungsmaßnahmen Erfolg. Wanda fährt gern mit ihrem Vater Wortkarussell und sie tanzt auch gern für ihn. Wenn ihr beim Tanzen Federn aus dem Haar fallen, sagt der Vater: Sie mausert sich. Das tut sie in der Tat, aber anders, als es sich der Vater wünscht, der sie daraufhin mit Liebesentzug bestraft. Der zu Höherem Berufene muss im Laufe seines Lebens mit ansehen, wie seine Familie in die Brüche geht. Das Heiligtum zerbricht, weil der Überflieger die Bodenhaftung verliert. Sein Traum, stets besser als die anderen zu sein, löst sich in Luft auf, weil er selbstherrlich und arrogant nur seine Ansprüche gelten lässt.
[…]
Bereitschaft und Gehorsam werden in den Familienverhältnissen, die sie beschreibt, gnadenlos eingefordert. Wollte man, ausgehend von den Texten, ein Bild entwerfen wollen, dann sollten darauf, nach Ansicht von Kerstin Hensel, zwei Dinge auf jeden Fall zu sehen sein:

»Es müssten auf jeder Tafel ein Vater und eine Feder zu sehen sein. Also nicht nur Federspiel, sondern auch Väter-Spiel. Was mich interessiert hat, waren die Macht- und Abhängigkeitsstrukturen innerhalb von drei verschiedenen Familien. Also Macht gepaart mit Feder, die ja eigentlich etwas Machtloses ist, weil sie sich treiben lässt und weil sie davon fliegt. Also diese Mischung, die mich auch im Leben interessiert, habe ich versucht, in diese drei Geschichten zu packen.«

Die Feder ist ein durchgängiges Motiv, auf das in allen drei Erzählungen des Bandes »Federspiel« Bezug genommen wird. Bereits mit der Titelwahl eröffnet die Autorin einen bunten Reigen verschiedenster Bedeutungsassoziationen. Als »Federspiel« bezeichnet der Falkner ein zum Teil aus Federn bestehendes Übungswerkzeug, das ihm dazu dient, den Greifvogel abzurichten. Er erzieht ihn zum Gehorsam.
Das Leichte und Schwebende, für das die Feder steht, bekommt durch den Begriff »Federspiel« eine weitere Bedeutungskomponente, wenn man Domestizierung mitdenkt. Sie schwingt noch in dem Gelöbnis »Immer bereit!« der DDR-Jungpioniere mit, das etwas Fatales hat, wenn durch unbedingten Gehorsam die eigene freie Entfaltung verhindert wird, wenn Bereitschaft nur Gefolgschaft meint.
Kerstin Hensel zeigt die Entwicklung von Figuren, die zum Dienen erzogen wurden, und die sich erst allmählich aus der Kommandogewalt der Familienverhältnisse befreien:
»Das sind sicher auch Emanzipationsgeschichten. Also Geschichten, in denen sich die Figuren von diesem Spiel, von diesem ›Immer-bereit-Sein‹, auch von dieser Liebe, die natürlich dahinter steckt, und von der Enge und von der Gewalt, befreien. Also sie versuchen, sich zu emanzipieren von diesen Strukturen. Es sind keine Figuren, die von Anfang an rebellieren, gegen das, was ihnen widerfährt. Diese Harmonie, die alle erst anstreben, das ist ja auch eine wichtige Sache, sich in dieser Harmonie weiterzuentwickeln und zu merken, dass durch die Machtverhältnisse in der Familie, diese Harmonie eigentlich gar nicht mehr gegeben ist und ziemlich spät fangen sie dann an, sich zu befreien.«
Die Väter, die in den Geschichten von Kerstin Hensel vorkommen, weisen Züge von Übervätern auf.
[…] in der dritten Geschichte ist ein Vater anwesend. Der Lehrer vermittelt seiner Tochter zwar Wissen, aber er will sie nicht groß werden lassen. Sie soll die lernwillige und folgsame Tochter, die er klein hält, bleiben. Die Geschichte geht schließlich über diese Väter hinweg.
Kerstin Hensel: »Die Väter fliegen auf ihre völlig verschiedene Weise hin, nieder, auf, weg.«
Die Töchter emanzipieren sich und indem sie sich aus den Abhängigkeitsverhältnissen lösen, finden sie zu sich und sie finden auch zu einer anderen Leichtigkeit. Wohin sie der Wind treiben wird, bleibt ungewiss. Sicher aber scheint, dass er kein leichtes Spiel mit ihnen haben wird – Federgewichte sind es nicht, die Kerstin Hensel in ihrer unverwechselbaren Art entworfen hat. Das Leichte hat bei ihr durchaus Gewicht. An diesen kleinen, gut gearbeiteten und mit Humor geschriebenen Texten, kann man sich verheben, wenn man sie zu leicht nimmt.

Wolf Peter Schnetz in den Nürnberger Nachrichten vom 19.7.2012:

Selbsterkundungen auf der Flucht vor der Liebe

»Liebesnovellen« nennt Kerstin Hensel drei Geschichten, die unterschiedlicher kaum sein können. Vorangestellt ist jeder Erzählung das Bild von einem bunten Federschmuck, den die Hauptfiguren als »Federspiel« benutzen – letztlich ist es ein Gleichnis für die Wechselspiele des Lebens.

Kerstin Hensel, geboren 1961 in Karl-Marx-Stadt, heute Chemnitz, zählt zu den vielseitigsten Erzählerinnen des deutschen Sprachraums. 1987 erhielt die Lyrikerin, die aber auch grandiose Romane schreibt, den Anna-Seghers-Preis der Deutschen Akademie der Künste in Berlin. Von der Kritik wird sie als Sprachvirtuosin gerühmt. Es gelingt ihr, das Absurde des Alltags so anschaulich darzustellen, dass es dem Leser unter die Haut geht. […]

[Nah] am Alltagsgeschehen ist die Geschichte »Der Deutschgeber« als Machtspiel zwischen Mann und Frau. Auf die Frage nach dem Beruf des Familienvaters und Lehrers kommt die Antwort: »Er gibt Deutsch«. Er ist folglich der »Deutschgeber«.

Die Tochter Wanda wird von klein auf vom Vater völlig in Besitz genommen. Seit den ersten Lebensjahren schult er sie. Wanda wird zum Wunderkind, das den Gleichaltrigen um Jahre voraus ist. Die besitzergreifende Vaterliebe macht sie abhängig. Für den Vater tanzt sie, dreht sich, macht Sprünge und himmelt ihn an. Unter seiner Anleitung lernt sie Gedichte, Goethe vor allem. Bald beherrscht sie ein erstaunliches Repertoire.

Der Vater will schließlich ihre Fähigkeiten zur Schau stellen. Er zitiert sie ins Lehrerzimmer, dort soll sie vor dem versammelten Kollegium vortragen. Als der Auftritt unmittelbar bevorsteht, verlässt Wanda der Mut. Sie verweigert sich. Der Vater ist bloßgestellt. Die absurd abgöttische Liebe verwandelt sich in Wut. Nichts kann ihn versöhnen. Er wird zum Griesgram, der die Familie peinigt.

Heimlich hat er ein Verhältnis mit einer Schülerin, der schönen Esther, der »Russenpuppe«, Tochter von Einwanderern aus Russland. Die betrogene Ehefrau verlässt das Haus. Schließlich packt auch Wanda ihre Sachen. Sie geht ohne Abschied. Der Vater bleibt allein zurück und verwahrlost. Die Gefühle der Tochter für den einst geliebten und bestimmenden Vater sind erloschen, sie sucht sich ihren eigenen Weg.

Kerstin Hensel erzählt knapp und distanziert. Sie vertraut auf das Eigenleben ihrer Figuren. Aus deren Liebesfluchten werden Selbsterkundungen, haarscharf an sozialromantischen Charakterstudien vorbei. Was aber nachwirkt, sind unverwechselbare Frauen-Porträts aus nächster Gegenwart: Frauenliteratur von ihrer besten Seite, die unabhängig von Geschlechterrollen fasziniert und überzeugt.

2. *Goethe, der selbst als Rezensent tätig war, äußert sich im folgenden Gedicht über einen Rezensenten. Erläutern Sie, in welcher Weise er das tut und was das lyrische Ich dem Rezensenten vorwirft.*
3. *Tragen Sie das Gedicht ausdrucksstark vor (evtl. mit musikalischer Begleitung, als Rap etc.).*

Johann Wolfgang von Goethe:
Rezensent

Da hatt ich einen Kerl zu Gast,
Er war mir eben nicht zur Last;
Ich hatt just mein gewöhnlich Essen,
Hat sich der Kerl pumpsatt gefressen,
Zum Nachtisch, was ich gespeichert hatt.
Und kaum ist mir der Kerl so satt,
Tut ihn der Teufel zum Nachbar führen,
Über mein Essen zu räsonieren:
»Die Supp hätt können gewürzter sein,
Der Braten brauner, firner der Wein.«
Der Tausendsackerment!
Schlagt ihn tot, den Hund! Es ist ein Rezensent.

4. *»Besser ein Verriss durch einen Rezensenten als gar nicht von der Literaturkritik beachtet zu werden.« Erklären Sie diese These und nehmen Sie Stellung dazu.*
5. *Stellen Sie sich vor, Sie sollen für eine Jugendseite einer Zeitung eine Rezension zu Kerstin Hensels Novelle »Der Deutschgeber« verfassen. Sammeln Sie sich Aspekte, die Sie ansprechen wollen. Beziehen Sie Stellung zu der Frage, ob Sie das Buch empfehlen oder nicht. Formulieren Sie die Rezension und finden Sie eine geeignete Überschrift.*

Weiterführende Vorschläge für Referate (Vergleichslektüren)

*1. Stellen Sie der Klasse **Kerstin Hensels** Erzählung »**Tanz am Kanal**« von 1994 vor (Taschenbuchausgabe 1994 bei Suhrkamp, nur noch antiquarisch erhältlich). Vergleichen Sie die beiden Hauptpersonen Wanda Schetelich (»Der Deutschgeber«) und Gabriela von Haßlau (»Tanz am Kanal«) unter folgenden Aspekten:*
Verhältnis zum Vater, Familiensituation (Rolle der Mutter, Probleme in der Schule, berufliche Perspektiven nach der Schule), Erzählperspektive und Erzählweise.
Nutzen Sie die folgende Textstelle aus der Erzählung »Tanz am Kanal« (S. 8–12) zu einer Erläuterung des Textzusammenhangs, der sprachlichen Gestaltung und zur Fundierung einiger der oben genannten Parallelen / Unterschiede.

[...] Ich schreibe unter meinem wirklichen Namen Gabriela von Haßlau. [...] Das Erste, woran ich mich erinnere, war ein Geigenkasten. Ich bekam ihn zu meinem vierten Geburtstag. Außen braunes Leder, innen grüner Samt. Ich öffnete ihn und sah das Instrument. Ich hielt es für ein Tier, einen verzauberten Dackel. Als ich aufheulte, riss mich Vater an den Zopfschnecken.
– Das ist eine Violine.
Onkel Schorsch aus Sachsen war bei uns zu Besuch, er lachte.
– Das ist aber 'ne Binka, eure Dochter!
Mutter schämte sich, Vater skandierte mir ins Gesicht:
– Vi-o-li-ne! Vi-o-li-ne! Sprich nach!
Ich weinte über dem verzauberten Dackel. Mutter nahm ihn aus dem Kasten und legte ihn mir in die Hände.
– Pass auf!, sagte Vater, und der Geigenbogen strich über die Dackelhaare, die Vater Saiten nannte.
– Sai-ten! sprich nach!, sagte er.
Der Dackel fiepte, ich weinte wie noch nie. Onkel Schorsch lachte und goss Cognac über sein Hemd, Mutter mahnte ihren Bruder zur Ruhe.
– Lass dem Ernst seinen Ernst.
Onkel Schorsch prustete unter vorgehaltenem Taschentuch.
Am Abend meines vierten Geburtstages hielt ich die Violine, in der rechten Hand den Bogen. Ich strich einige Katzenlaute.

– FIS!, sagte Vater. Und DIS!
Ich machte einen Knicks, wie ich es gelernt hatte. Es gab Gänsepastete und aus dem Plattenspieler Musik von Mozart. Die Villa klang von der Musik und roch nach Geburtstag. Onkel Schorsch lachte noch immer und kippte sich übers Hemd, was auf dem großen gedeckten Tisch stand: Cognac und russischen Sekt, Pasteten und Salate. Ich lernte einen Dackel von einer Violine zu unterscheiden. Mein Vater war Venenchirurg.
Er sprach auch an diesem Geburtstag von Varizen *(oberflächliche Venen, die erweitert sind und sichtbar geschlängelt unter der Haut verlaufen – auch Krampfadern genannt; Anm. d. Hrsg.)*. Das war sein Lieblingswort, und ich lauschte ihm jedesmal lange nach, wenn er es ausgesprochen hatte. Ich liebte dieses Wort, weil ich es niemals nachsprechen musste. Va-ri-zen!, das gab es nicht.
Es war das Wort meines Vaters. *Mir* gehörten Wörter wie Violine, Pastete, Mozart. Auch Onkel Schorschs Worte gehörten mir: Heiamachen, Ringelgehen, Muckschsein. Vater verbot Onkel Schorschs Worte – sie seien schlechtes Deutsch und überhaupt: Wenn Onkel Schorsch es nicht bald zu mehr brächte als zum stellvertretenden Direktor der Grimmaschen Konsumgenossenschaft, dann […] Mutter lenkte ein: Seine Familie könne man sich nicht aussuchen.
– Doch!, sagte Vater, und: Es kommt auf den Stil an, auf den Stil, Christiane, sprich nach!
Onkel Schorsch ging jedes Mal von selbst, wenn sein Lachvorrat erschöpft war. Das war meistens nach der Sandmännchenzeit. Wir besaßen einen Fernseher, und mir gehörte das Sandmännchen. Zehn Minuten lang, dann hatte ich Schlafsand in den Augen, und Onkel Schorsch stellte fest:
– Deine Guckeln sinn schon ganz klein, und dein Dackel ist auch schon müde.
– Violine!, sagte der Vater.
Onkel Schorsch verabschiedete sich. In der Zeit, die mir zum Schlafen gehörte, stritten sich Vater und Mutter im Kaminzimmer. Ich zog die Bettdecke über beide Ohren und flüsterte Violine Violine Violine. Am nächsten Morgen war ich vier Jahre alt und Vater schon zum Dienst in die Klinik. Durch die großen alten Villenfenster schien Sonne. Mutter stob umher und versuchte, Sonnenstäubchen zu moppen. Von der Geburtstagsfeier waren schmutzige Tischtücher übriggeblieben und ein Rest Pastete. Der Geigenkasten lag braun und drohend auf der Konsole in der Wohnstube.
– Du sollst Unterricht nehmen, Ehlchen, sagte Mutter.
Ich durfte keinen Kindergarten besuchen, weil Vater Erster Venenchirurg und Mutter als Frau zu Hause war. Auch durfte ich nicht auf der Straße spielen, weil es auf unserer Straße wirklich nichts zu spielen gab und die Villa einen Garten hatte, darin ich mit einem Stöckchen Hüpf-

kästchen in den Kies zeichnen durfte. *HimmelundHölle* nannte es Vater, *Huppekästel* sagte Onkel Schorsch. Schlechtes Deutsch. Ich hüpfte alleine von der Hölle in den Himmel, das linke Bein angezogen, das Sprungbein zu wacklig, um ungestraft in den Himmel zu kommen: Es sprang auf die gefährlichen Linien, neben das Kästchen oder knickte um. Ich blieb auf der Strecke. Niemand maß sich mit mir. Vater achtete darauf, dass ich nicht in falsche Gesellschaft gerate, allein es gab überhaupt keine Gesellschaft für mich, keine richtige und keine falsche. Unter der Treppe, die an der Rückseite der Villa in den Waschkeller führte, hatten Spinnen ihre Netze gewoben. Schwarz lauerten sie im hinteren Teil der Behausung. Für sie sammelte ich Ameisen, Franzosenkäfer und als besonderen Leckerbissen Regenwürmer; legte die Tierchen auf das vordere Netzteil – die Spinne schoss aus ihrem Versteck heraus, tötete das Opfer mit einem Biss und saugte es aus. Ich fütterte die Spinnen täglich, bis mich Mutter erwischte und der Mop alle Netze zerriss, alle Tiere zerquetschte.
Ich trug Lackschuhe, Strumpfhosen, Petticoat, Rippenhemdchen und ein grünrot gehäkeltes Kleid. Oder ein blauweiß gehäkeltes. Die schwarzen Haare flocht Mutter zu Zöpfen. Goldfarbene Gummis hielten sie zusammen. Abends riss sie mit einer Bürste Fitz aus dem Haar, kämmte es aus, bis ich vor Schmerzen wimmerte.
– Denk an die Leute, die Varizen haben, sagte Vater, die weinen auch nicht.

2. Stellen Sie der Klasse **Kerstin Hensels** *Roman »Falscher Hase« von 2005 vor (Taschenbuchausgabe 2008 bei btb). Vergleichen Sie die beiden Hauptpersonen Waldemar Schetelich (»Der Deutschgeber«) und Heini Paffrath (»Falscher Hase«) unter folgenden Aspekten:*
Verhältnis zu Frauen, Wohnung als Ort der Verehrung, Auswirkungen des Endes der DDR, berufliche Situation nach der Wende.
Nutzen Sie die folgende Textstelle aus dem Roman »Falscher Hase« (S. 138–140) zu einer Erläuterung des Textzusammenhangs, der sprachlichen Gestaltung und zur Fundierung einiger der oben genannten Parallelen/Unterschiede.

Mit Eva und Bogumil war Paffrath zwei Menschen begegnet, von denen er bislang nicht glaubte, dass es sie gab: Sie nahmen ihn zu sich, auch am Abend, bei Schnaps, Bier, bei Fettstullen und langen erregten Gesprächen, in denen Bogumil das Worte führte und kundtat, was ihm das Höchste war: die Briefmarken aus alten und neuen Zeiten, Wohlfahrts-, Deutsche Reichspostmarken, Marken der Walter-Ulbricht-Serie, auch Tiere, Pflanzen, Weltwunder, Könige und Wappen, Marken aus Ost West Übersee, geordnet nach Motiven, Marken mit Variationen, Stempel, Stempelformen, Ersttagsstempel, Blöcke, Fehldrucke. […]
Während Eva Schnaps nachschenkte und Heini ihr das eine oder andere mal wie zufällig übers Haar strich, auch wenn ihr Gatte das sehen konnte, während sie die Männer einhüllte mit heiteren Sprüchen, zog Bogumil

Paffrath in die Welt seiner Leidenschaft. Wohl wollte er während dessen vieles von Heini wissen, woher er käme, wie ihm der Dienst als Oberleutnant der Volkspolizei schmecke, an welchen Fällen er säße, was ihm das Liebste sei, aber die Neugier war dem Gast recht. Sie wärmte, hüllte ihn ein. Alles war Paffrath bereit zu sagen.

»Das Liebste«, gestand er leise, »ist ganz nah.«
Gegen Mitternacht betrat Heini noch einmal Blocks Badezimmer. Tief sog er die Luft ein, den Geruch nach Seife und Putzzeug. Er benutzte die Toilette, obwohl er nicht musste. Er betätigte vorsichtig die Dusche über der Badewanne, ließ sich Wasser über die Hände laufen und cremte sich danach mit Evas Hautcreme ein. Heini roch an seinen Fingern und küsste sie. Jetzt befeuchtete er Bogumils Rasierpinsel, schäumte ihn mit der Rasierseife ein, von der Heini blitzschnell registrierte, dass sie aus dem Westen war. Heini sah sein weiß beseiftes Gesicht im Spiegel. Nachdem er sich wieder abgespült und an Bogumils Handtuch getrocknet hatte, öffnet er die Flasche Kölnisch Wasser. Eva stand in der Tür. Hinter ihr Bogumil, der barsch fragte, was Paffrath hier veranstalte.
Heini drehte sich langsam vom Spiegel zu den beiden um. Der Kölnischwasserduft befeuerte seinen Mut, auf Eva zuzutreten, ihr mit der rechten Hand unters Haar zu greifen, sie zu sich herabzuziehen und einen Kuss auf die Stirn zu drücken. Sekunden später fühlte Bogumil Paffraths Lippen auf seinen Fingern.
»Lass das!«, rief Bogumil.
Sprachlos stand Eva im Bad und schüttelte den Kopf. Heini Paffrath wünschte ihnen eine gute Nacht. Als er, benebelt vom Glück, in der Wohnungstür stand, sagte er: »Also bis morgen.«

*3. Stellen Sie der Klasse **Kerstin Hensels** Roman »Lärchenau« von 2008 vor. Beschränken Sie Ihre Lektüre ausnahmsweise auf den ersten Teil des Romans (S. 7–164 in der Taschenbuch-Ausgabe, btb) und vergleichen Sie die Jugend von Wanda Schetelich mit den beiden Hauptpersonen Adele Möbius und Gunter Konarske.*
Nutzen Sie die folgende Textstelle (S. 137–140) aus dem Roman »Lärchenau« zu einer Erläuterung des Textzusammenhangs, der sprachlichen Gestaltung und zur Fundierung einiger der oben genannten Parallelen/Unterschiede.

Adele Möbius lag oben. Die letzte Etage des dreistöckigen Bettes war unter den Heimkindern die verhassteste: Kaum dass man sich aufsetzen wollte, stieß der Kopf gegen die Zimmerdecke. Das Bettenmachen war eine Tortur, weil man es durch mangelnde Bewegungsfreiheit nie richtig glatt bekam. Nur ein schmaler Holm schützte den Schlafenden vorm Absturz. Im letzten Jahr hatte es einen Toten gegeben. Der Aufstieg in das oberste Bett gelang über die Metallgitter der unteren. Adele Möbius lag oben und weinte ins Kissen. Ein Zipfel war schon nass. Das Weinen wollte nicht aufhören. Sonja, die mit vierzehn Jahren den Rang der Stubenältesten trug, hörte sich das Gewimmer der Neuen eine Weile an, sprang aus ihrem Bett und rief ins Dunkel des Raumes: »Schlussendeundaus!«
Adele lag oben und weinte.
»Ruhe!«, befahl Sonja.
Gemurre im Raum. Sonja, die ihr Haar mit Klemmen zurückgesteckt trug, als würde sie den Makel ihres fleckigen Gesichtes zur Schau stellen wollen, wiederholte: »Ruhe!« Da ihr Rufen nichts nutzen wollte, gestattete sie Adele, noch einmal von ihrem Bett herabzusteigen, um Klarheit darüber zu gewinnen, wo und bei wem sie hier im Kinderheim *Anton Semjonowitsch Makarenko* gelandet war. Nämlich in der Mädchenkolonie »fleißige Biene«, deren Zimmertür eine solche kennzeichnete. Hier wohnten die zehn- bis vierzehnjährigen Waisen, die auf der elterlichen Flucht in den Westen zurückgeblieben waren – wobei sie, Sonja, das Regiment führe, sie alles gefragt und ihr alles gesagt werden müsse. Dieses Gesetz würde man der Neuen zum Empfang verdeutlichen, nach Mitternacht, wenn die Flurkontrolle und das Töpfen vorbei und die Stunde der Taschenlampen gekommen sei.
Sonja ließ die Bienen antreten. Ulrike, Eva, Birgit, Gisela, Annelie, Bärbel und Jüpchen, die aussah wie sechs. Sie stachen zu. Piksten kniffen kitzelten Adele, die unter der Tortur lachen musste, die sich nicht halten konnte, zu Boden fiel und wieder hochgebracht wurde mit kleinen giftigen Stichen.
»Schlussausende!«
Sonja scheuchte die Mädchen zurück in ihre Betten.
Den Arm um die Neue gelegt, als wollte sie ihr Freundschaft aufdrücken, beglückwünschte die Stubenälteste Adele zum Erfolg ihres Einstandes.
»Träum was Schönes und Ruhe im Karton!«

Adele lag oben und weinte. Lautlos. Gab sich Mühe, das Zittern ihres Körpers zu unterdrücken. Endlos zog sich die Nacht dahin. Wie die Tränen, von denen Adele glaubte, sie würden gleich durch die Matratze auf die Schläferin im mittleren Bett tropfen. Es dämmerte schon der Morgen herauf, da hörte Adele das leise Tapsen nackter Füße. Erst dachte sie, eines der Mädchen würde sich in den Flur aufs Klo schleichen wollen, aber das Tapsen näherte sich ihrem Bett. Es quietschte, und neben Adele atmete jemand.
»Was willst du?«, flüsterte Adele.
Schon hatte der heimliche Besuch Adeles Decke hochgehoben und sich daruntergelegt, flink wie ein schutzsuchendes Tier. Adele hielt die Luft an. Geh weg, dachte sie. Aber das Mädchen, dessen daunendünnes Haar sie kitzelte, schlang unter der Decke seine Arme um Adeles Leib. Eine Weile zitterte Adele noch, dann wurde sie ruhig. Leise forderte sie: Geh weg!, aber Jüpchen hielt Adele fest. So lagen die Mädchen bis zum ersten Sonnenstrahl. Dann schliefen sie ein. Halb sieben Uhr wurde geweckt.
»Ach du große Scheiße!«, rief Sonja, als sie die beiden entdeckte und der neuen Zimmergenossin erklärte, dass Jüpchen es mit jedem Ankömmling so treibe, dass sie für immer zum Babydasein verdammt und Blödheit ansteckend sei. Zu Verdeutlichung versetzte Sonja Jüpchen eine Ohrfeige, worauf das Kind auf allen vieren durch den Schlafsaal lief. Die Strafe für Adele bewahrte sich Sonja bis zum Abend auf.
Das Stoßgebet. Kaum, dass Adele der Schlaf überkam, drückte Bärbel, die im Bett unter ihr lag, mit den Füßen die Matratze hoch. Hart stieß sie gegen Adeles Rücken. Sie war wieder wach.
»Bete!«
Der Befehl aus der Dunkelheit kam von Sonja. Adele schwieg. Nur das rhythmische Quietschen der Stahlfedern war zu hören. *Bete!* Adele wusste nicht, was. Gegen Morgen gab Bärbel auf. Gegen Morgen lag Jüpchen wieder neben Adele und streichelte sie.
»Du bist nicht normal, was?,« flüsterte Adele, als ihr die Berührungen des Kindes unheimlich wurden. Jüpchen schüttelte den Kopf und legte Adele den Finger auf den Mund. Adele wagte nicht, den Schlafgast fortzuschicken. Sie hörte das zufriedene Atmen des Mädchens, wenn es bei ihr lag. Die Augen geschlossen, nahm Adele die vor Dankbarkeit warmen Glieder des kleinen Jüpchens bei sich auf und träumte sich als Prinzessin. In Jüpchen hatte sie jemanden, der ihr folgte und die Tränen der Verlassenheit verbannte. Wenig Schlaf blieb den Mädchen, bevor der neue Tag mit Wecken begann und aufging in Morgengymnastik, Frühstück, Schule, Hausaufgaben, Ordnungsdienst, Freistunde, Abendbrot, Schlafengehen.

4. Stellen Sie der Klasse **Heinrich Manns** Roman **»Professor Unrat«** *(Untertitel: oder Das Ende eines Tyrannen) aus dem Jahre 1905 vor. Vergleichen Sie dabei die Rolle von Waldemar Schetelich mit Professor Raat.*
Nutzen Sie die folgenden erläuterten Textstellen zur Darlegung einiger Parallelen/Unterschiede.

[Professor Raat ist ein Gymnasiallehrer für Griechisch, Latein und Deutsch, den alle »Unrat« nennen. Mit den Schülern Kieselack, von Ertzum und Lohmann hat er persönliche »Feinde«, die er »fassen« und vernichten will.
Lohmanns Arbeitsheft enthält ein Gedicht über die »Künstlerin« Rosa Fröhlich, dies weckt den Spürsinn in Unrat. Diese Rosa tritt als leicht bekleidete Varietesängerin im »Blauen Engel« auf. Unrat greift ein und will sie zuerst als Vertreter der bürgerlichen Ordnung der Stadt (Lübeck) verweisen, dann fühlt er plötzlich eine gewisse Achtung vor ihr, entdeckt ihre erotische Anziehungskraft und wird zu ihrem »Beschützer«.
Rosa kommt mit ihm im Umkleideraum ins Gespräch.]

»Nich wahr? Is das ne Kunst, aus dem Pack was rauszuschlagen!«
Sie zog sich einen Stuhl heran.
»Haben Sie eine Ahnung von dem Dasein. Jeder, der hier reinkommt, meint, man hat bloß auf ihn gewartet. Alle wollen was, und nachher, das glaubt man gar nich, droht einer womöglich mit der Polizei! Sie –«
Und sie berührte mit der Fingerspitze sein Knie.
»– kommen einem mit der gleich vorher. Das hat was für sich.«
»Die einer Dame geschuldete Ehrerbietung wollte ich dadurch keineswegs verletzen«, erklärte er.
Ihm war nicht heimlich. Diese bunte Frauensperson sprach von Dingen, in die er nicht mit seiner gewohnten Klarheit eindrang. Überdies befanden sich ihre Knie nun schon zwischen seinen eigenen.

[Am nächsten Tag ist Unrat wieder da.]

»Sie wundern sich vielleicht –«, stotterte Unrat.
»Aber kein Bein«, erklärte sie, »helfen Sie mir man aus dem Mantel raus.«
»– dass ich meinen Besuch so schnell wiederhole –«
»Wo wer' ich denn!«
Sie hatte die Arme wie Henkel an ihrem großen roten Federhut, zog Nadeln heraus und lächelte von unten diebisch nach Unrat.
Aber – und er war in Not – »Sie meinten selbst, ich müsste wiederkommen.«
»Nu woll!« und sie schwenkte den Hut wie ein Feuerrad. Ausplatzend: »Er ist zum Schreien! […] Ich wer Sie doch nicht laufen lassen – Alterchen!«

Dabei beugte sie, die Hände in die Hüften, ihr Gesicht ganz dicht vor seines.
[...] »Wer sagt mir aber«, fuhr die Künstlerin Fröhlich fort, »dass Sie überhaupt wegen meiner kommen [...] Sie helfen mir ja nich mal aus meinem Paletot raus. [...]«
[...] Und die Künstlerin Fröhlich streifte ihren Rock hinunter. Ihre Korsage stand schon offen und Unrat bemerkte mit einer Art Schreck, dass sie unter den Kleidern überall schwarz war und glänzte.
Aber noch seltsamer war für ihn die Erkenntnis, dass sie keinen Unterrock anhatte, sondern ein Paar weite, schwarze Kniehosen.
[...] die Künstlerin Fröhlich lächelte ihm über ihre Schultern zu.
»Warum haben Sie mir die ganze Zeit den Rücken zugekehrt? Ich bin ja schon längst wieder anständig angezogen.«
Sie hatte jetzt einen orangefarbenen Unterrock an.
[...] »Wegen meiner: – Ich möchte wohl wissen, wie Sie mich gebaut finden?«
Unrat sagte nichts, und sie rückte ungeduldig den Kopf von ihm weg.
»Ziehn Sie man fest an! [...] Gott, ich sage! Geben Sie man her, Sie müssen noch viel lernen.«
Sie schnürte sich selbst. Und da er seine unbeschäftigten Hände noch immer hilflos vor sich hin hielt:
»Wollen Sie denn gar nicht nett zu mir sein?«
»Freilich wohl«, stotterte er bestürzt. Er suchte und sagte schließlich, er habe sie in dem schwarzen – in dem schwarzen Gewand noch hübscher gefunden.
»Sie kleines Ferkel«, sagte die Künstlerin Fröhlich.

[Wieder ein paar Tage später.]

Für Unrat war es Pflicht, und sie ward täglich erfreulicher, je mehr er sich einlebte bei der Künstlerin Fröhlich. Er war [...] immer der Erste im Blauen Engel. Dann ordnete er die Toilettengegenstände, suchte die saubersten Unterröcke und Höschen hervor, legte, was zu flicken war, auf einen Stuhl abseits. Die Künstlerin Fröhlich erschien spät, denn sie fing sich an auf Unrat zu verlassen. Er verstand bald, seine grauen Finger ganz spitz zu machen und die Knoten an ihr damit aufzulösen, ihre Schleifen geradezuziehen, die Nadeln aus den Verstecken an ihrem Körper hervorzuholen. Wenn sie sich schminkte, löste sich ihm das rosablassgelbe Spiel ihrer eiligen Arme allmählich in sinnreiche Griffe auf. Er fand sich auf der Palette ihres Gesichtes zurecht, erlernte Namen und Nutzen der farbigen Stangen und Fläschchen, der stäubenden Säckchen und Schachteln, der fettigen Büchsen und Töpfe, übte sich still und eifrig in ihrer Anwendung.

[Raat finanziert nun das Leben von Rosa (Wohnung, Essen). Die Rolle des Tyrannen vor der Klasse kann er nicht mehr spielen, dafür aber die des Siegers im Kampf um Rosa. Als Gymnasiallehrer ist er nicht mehr tragbar.]

Unrat ward entlassen.
Er behielt das Recht, seine Lehrtätigkeit bis zum Herbst fortzusetzen. Er brach sie aber, im Einvernehmen mit der vorgesetzten Behörde, sofort ab.

[Der Pastor Quittjens versucht mit ihm ins Gespräch zu kommen.]

Darauf griff Pastor Quittjens zu größeren Gesichtspunkten. Er beklagte die Schüler, denen ein zu ihrer Hut Berufener die Schwelle des Jünglingsalters durch solches Beispiel vergifte. Und nicht nur die Schüler der Untersekunda, nein, alle anderen ebenso, und nicht nur alle anderen innerhalb des Gymnasiums, sondern über die Mauern des Gymnasiums hinaus, alle die ehemaligen Schüler – also die Stadt in ihrer Gesamtheit. Alle diese, und Pastor Quittjens ließ seine Zigarre ausgehen, müssten an den Lehrern ihrer Jugend Zweifel empfangen und in ihrem schlichten Glauben wankend werden.

[Mit Rosa als halbmondäner Dame an seiner Seite führt Unrat schließlich ein bohemehaftes Leben und rächt sich an der guten Gesellschaft. Es gelingt ihm freilich nicht, Rosa (und Tochter Mimi) ganz an sich zu binden und die letzte Demütigung durch den Ex-Schüler Lohmann besiegelt sein Schicksal.]

5. *Stellen Sie der Klasse* **Siegfried Lenz'** *Roman* »**Schweigeminute**« *vor. Vergleichen Sie dabei die Rolle von Waldemar Schetelich mit der Stellas. Nutzen Sie folgende Textstelle, den Beginn der Novelle, zur Erläuterung einiger Unterschiede.*

»Wir setzen uns mit Tränen nieder«, sang unser Schülerchor zu Beginn der Gedenkstunde, dann ging Herr Block, unser Direktor, zum bekränzten Podium. Er ging langsam, warf kaum einen Blick in die vollbesetzte Aula; vor Stellas Photo, das auf einem hölzernen Gestell oder vor dem Podium stand, verhielt er, straffte sich, oder schien sich zu straffen, und verbeugte sich tief.
Wie lange er in dieser Stellung verharrte, vor deinem Photo, Stella, über das ein gerippptes, schwarzes Band schräg hinlief, ein Trauerband, ein Gedenkband; während er sich verbeugte, suchte ich (Als Ich-Erzähler tritt in der gesamten Novelle der 18-jährige Schüler Christian auf; Anm. d. Hrsg.) dein Gesicht, auf dem das gleiche nachsichtige Lächeln lag, das wir, die ältesten Schüler, aus deiner Englischstunde kannten. Dein kurzes, schwarzes Haar, das ich gestreichelt, deine hellen Augen, die ich geküßt habe auf dem Strand der Vogelinsel: Ich mußte daran denken, und ich dachte daran, wie du mich ermuntert hast, dein Alter zu erraten. Herr Block sprach zu deinem Photo hinab, er nannte dich liebe, verehrte

Stella Petersen, er erwähnte, daß du fünf Jahre zum Lehrerkollegium des Lessing-Gymnasiums gehörtest, von den Kollegen geschätzt, bei den Schülern beliebt. Herr Block vergaß auch nicht, deine verdienstvolle Tätigkeit in der Schulbuchkommission zu erwähnen, und schließlich fiel ihm ein, daß du ein allzeit fröhlicher Mensch gewesen warst: »Wer ihre Schulausflüge mitmachte, schwärmte noch lange von ihren Einfällen, von der Stimmung, die alle Schüler beherrschte, dies Gemeinschaftsgefühl, Lessingianer zu sein; das hat sie gestiftet, dies Gemeinschaftsgefühl.«
Ein Zischlaut, ein Warnlaut von der Fensterfront, von dort her, wo unsere Kleinen standen, die Quartaner, die nicht aufhörten, sich darüber auszutauschen, was sie interessierte. Sie bedrängten, sie schubsten sich, sie hatten einander etwas zu zeigen; der Klassenlehrer war bemüht, Ruhe zu stiften. Wie gut du aussahst auf dem Photo, den grünen Pullover kannte ich, kannte auch das seidene Halstuch mit den Ankern, das trugst du auch damals, am Strand der Vogelinsel, an die es uns antrieb im Gewitter.
Nach unserem Direktor sollte auch ein Schüler sprechen, sie forderten zuerst mich auf, wohl deshalb, weil ich Klassensprecher war, ich verzichtete, ich wußte, daß ich es nicht würde tun können nach allem, was geschehen war. Da ich ablehnte, sollte Georg Bisanz sprechen, er bat sogar darum, ein paar Worte sagen zu dürfen für Frau Petersen, Georg war schon immer der Lieblingsschüler, seine Referate bekamen höchstes Lob. Was hättest du gedacht, Stella, wenn du seinen Bericht von der Klassenreise gehört hättest, von diesem Ausflug auf eine nordfriesische Insel, wo uns ein alter Leuchtturmwärter mit seiner Arbeit bekannt machte und wo wir im Watt Butt peddeten, jauchzend, mit schlammbedeckten Beinen, auch deine schlammbedeckten Beine erwähnte er und deinen hochgezogenen Rock und daß du die meisten Flachfische mit den Füßen ertastet hast. Den Abend im Fährhaus überging er ebenfalls nicht. Als er die gebratenen Flundern rühmte, sprach er für uns alle, und ich stimmte ihm auch bei, als er den Abend mit Shanty-Musik begeistert in Erinnerung rief.
Wir sangen mit damals, wir kannten *My Bonnie* und *Wir lagen vor Madagaskar* und all die anderen Shanties. Ich trank zwei Gläser Bier, und zu meinem Erstaunen trank auch Stella Bier. Manchmal glaubte ich, du seist eine von uns, eine Mitschülerin, du freutest dich, worüber wir uns freuten, du hattest deinen Spaß daran, als einer von uns den ausgestopften Seevögeln, die überall herumstanden, Mützen aufsetzte, Papiermützen, die er geschickt faltete. »Uns alle, liebe Kollegen, hat es gefreut, daß zwei Schüler ein Stipendium für Oxford gewannen«, sagte der Direktor, und um die Bedeutung hervorzuheben, nickte er Stellas Bild zu und wiederholte leise »ein Stipendium für Oxford«. Als könnte diese Aussage aber auch anders verstanden werden, war plötzlich ein Schluchzen zu hören, der Mann, der hinter vorgehaltener Hand schluchzte, war Herr Kugler, unser Kunsterzieher, wir hatten sie oft auf ihrem gemein-

samen Heimweg gesehen, Stella und ihn. Gelegentlich hatte sie sich bei ihm eingehakt, und da er sehr viel größer war als sie, hatte es mitunter den Anschein, als schleppte er sie ab. Einige der Schüler stießen sich an und machten einander auf den schluchzenden Lehrer aufmerksam, zwei Quartaner konnten nur mit Mühe das Kichern unterdrücken. […]

6. Vergleichen Sie das Verhältnis von Waldemar Schetelich zu seiner Frau und zu seiner Tochter mit der folgenden Erzählung aus dem **Buch Esther***.*

Altes Testament Buch Esther, 1, 1–22 (nacherzählt)

Vor langer Zeit wohnte in Persien ein mächtiger König, der Xerxes hieß. Er regierte über ein großes Land. König hatte auch eine Frau. Sie hieß Königin Waschti und war sehr schön. König Xerxes tat nichts lieber, als Feste zu feiern. Einmal veranstaltete er ein Fest, das 80 Tage dauerte. Alle wichtigen Personen in Persien waren eingeladen und in der letzten Woche durften auch die Leute von Schuschan, der Hauptstadt, kommen. Sie saßen auf goldenen Sofas und tranken aus goldenen und silbernen Bechern, die mit Edelsteinen verziert waren. Die Männer feierten in den Sälen des Königs, die Frauen in den Gemächern der Königin. Es war ein sehr großes Fest und alle freuten sich. Als das Fest auf seinem Höhepunkt war, hatte König Xerxes eine Idee. Er wollte, dass alle sehen konnten, wie schön Königin Waschti war. Darum befahl er seinen Dienern, sie zu holen. »Vielleicht kann sie uns etwas vortanzen«, sagte er. Aber Königin Waschti hatte keine Lust, vor all diesen betrunkenen Männern zu erscheinen. Und Tanzen kam für sie schon gar nicht in Frage. »Richtet dem König aus, dass ich das nicht tue«, sagte sie zu den Dienern. »Und dann noch ohne Schleier! Was denkt er denn eigentlich?« Als der König das hörte, wurde er entsetzlich wütend, denn er war so mächtig, dass ihm niemand widersprechen durfte, nicht einmal seine eigene Frau. »Schickt sie weg aus dem Palast!«, rief er. »Ich will sie nie mehr sehen!« Und was der König befohlen hatte, geschah. Nach einigen Tagen war das große Fest endlich zu Ende. Die Gäste gingen wieder nach Hause und der König begann, sich ein bisschen einsam zu fühlen. »Wir brauchen eine neue Königin«, beschloss er. »Aber wie finde ich sie?« Er dachte eine Weile nach und dann rief er plötzlich: »Ich hab's! Ich heirate einfach das schönste Mädchen im ganzen Land.« Sofort gingen seine Boten in alle Städte und verkündeten, dass eine neue Königin gesucht werde. Tausende von Mädchen kamen zum Palast, eine schöner als die andere. König Xerxes fiel es schwer, eine Wahl zu treffen, denn alle waren so schön.

Die Verfasserin Kerstin Hensel und ihre Aussagen zu der Novelle

Kerstin Hensel, geboren am 29. Mai 1961 in Karl-Marx-Stadt (heute: Chemnitz), besuchte die zehnklassige Schule und begann dann eine Ausbildung an der medizinischen Fachschule. Von 1980 bis 1983 arbeite sie als chirurgische Schwester. Nach der Geburt des Sohnes Benjamin (1983) studierte sie am Institut für Literatur Leipzig und erhielt 1985 eine Aspirantur am Leipziger Theater. Seit 1987 ist sie
freiberuflich als Schriftstellerin tätig. Gleichzeitig hat sie einen Lehrauftrag für »Deutsche Verssprache und Versgeschichte« an der Hochschule für Schauspielkunst »Ernst Busch« in Berlin.
Bei Luchterhand sind zuletzt der Gedichtband »Alle Wetter« (2008), die Romane »Falscher Hase« (2005) und »Lärchenau« (2008) sowie die Novellensammlung »federspiel« (2012) erschienen.

Über ihre Arbeit als Schriftstellerin äußerte sie sich 1989: [...] wie ich zu schreiben begonnen habe, was meine »literarische Konfession« ist [...]. Es ist, dass ich liebe. Und es ist, dass etwas vergeht. Die Sprache, ihre Einfachheit und ihr Reichtum darin – sie ist nicht nur Arbeitsmaterial und Mittel zu all dem, was ich mit ihr liebe, verachte, bewahre und tilgen will – es ist das Lebendste um mich herum, eine Art Haut. Ich bin gegen den billigen Dreck auf ihr [...], gegen die kursierende Gewöhnlichkeit und Verschlampung. Eben weil sie so mit mir lebt, sehe ich sie auch in so vielen Worten sterben. Die Welt ist für mich meine Sprache und

meine Sprache beinahe meine Welt, so auch LEBEN manchmal vergeht. Ich glaube, dass Literatur, vielleicht auch einiges von meiner, ein paar mehr Leute vor jenem Schlaf bewahren kann, der die Sinne mürbt und jene schliefe Behaglichkeit erzeugt, die wir Wohlstand und Optimismus nennen. Vielleicht ist das meine »Konfession« […].

Eine 11. Klasse am Gymnasium hat nach der Lektüre des »Deutschgebers« per E-Mail Fragen an Kerstin Hensel gerichtet. Diese wurden von der Autorin wie folgt beantwortet:

Fragen	Antworten
Bis auf Esther Kriegerowa ist die Zukunft für alle Hauptpersonen ziemlich offen, ja eher düster. Wem von den dreien (Vater, Mutter, Tochter) geben Sie die besten Chancen?	Der Schluss ist bewusst offen gehalten, weil sich jeder Leser aus seinen eigenen Erfahrungen oder seiner eigenen Fantasie das Leben der Personen weiterdenken kann. Mutter und Tochter haben sich ja aus der Machtmaschine der Vaterliebe befreit, das ist der erste Schritt zu einem neuen Leben, also eine Chance.
Welche tiefere Bedeutung hat das Tanzen in der Novelle – vgl. Wandas Federtanz (S. 5 und 12), Mutters Tanz (S. 11/12), Wandas und Esthers »Tanz« (S. 50)?	Tanzen ist ja eine künstlerische, lustvolle und erotische Bewegung. Der Tanz in der Esther-Geschichte: eine Anspielung auf ein Motiv des »Buches Esther« aus der Bibel, worin die Königin Wasti (**Wa**sti – **Wa**nda), weil sie den Tanz vor ihrem Königgatten verweigert hat, verstoßen wurde. »Die schöne Esther« hat die Stelle der Königin eingenommen – auch ein Machtspiel.
Welche tiefere Bedeutung hat die Feder im Haar von Wanda (vgl. S. 5/12) auch im Bezug auf den Titel des gesamten Bandes (»Federspiel«)?	Das Feder-Motiv taucht in jeder der drei Novellen auf und verbindet sie miteinander. Die Eigenschaften einer Feder (leicht, wärmend, schmückend) spielen eine assoziative Rolle. Die Feder wird bei jeder Figur im Buch anders behandelt, bei Wanda: Sie schmückt sich für den Vater, sie »fliegt« davon.

Bezieht sich der Schlusssatz der Novelle (S. 51) auf das gesamte Geschehen oder nur auf das Winken des Vaters am Fenster?	Dieses »ungefähre« im Schlusssatz bezieht sich auf das Subjektive, Vage des Erinnerungsvermögens allgemein. Bei einer Erzählung aus der Ich-Perspektive ganz besonders.
Ihr Band trägt den Untertitel »Drei Liebesnovellen«. Um welche Art von Liebe geht es eigentlich im »Deutschgeber«?	Der Begriff Liebe ist ein sehr vielfältiger, und die Arten der Liebe sind es auch. Im »Deutschgeber« gibt es mehrere Lieben: die Vater-Tochter-Liebe, die Mutter-Vater-Liebe, die Mutter-Tochter-Liebe, die Lehrer-Schülerin-Liebe, die Freundinnenliebe zwischen Wanda und Esther und nicht zuletzt die Liebe zur Literatur / zum Theater. Jede Liebe ist immer auch ein Macht- und Abhängigkeitsverhältnis zwischen den Liebenden, und Liebe (+Erotik) die Triebkraft jeden Lebens. Liebe kann etwas Wunderbares sein, und genau so kann sie zerstörerisch wirken.
»Amboss oder Hammer« – ist das wirklich die Alternative in einer sozialistischen Gesellschaft gewesen?	Die selbsternannten Literaturversteher der DDR haben diesen Goethe-Vers einseitig so gedeutet: der sozialistische Mensch soll der »Hammer« (der Tätige, Gestalter) sein, die ausgebeuteten Menschen in den kapitalistischen Ländern sind der »Amboss« (also die, auf die geschlagen wird, die ausgebeutet werden). Das ist natürlich in dieser Vereinfachung Unsinn, weil die Menschen in der DDR nicht anders waren als anderswo auf der Welt – also offensiv und defensiv und alles, was dazwischen liegt. Wandas Vater benutzt das Goethe-Gedicht, um Wanda zu zeigen, wo quasi »der Hammer hängt«. Er will seine Macht auf sie übertragen, will die Tochter zum Werkzeug machen – das hat aber nichts mit der »offiziellen« Auslegung des Verses zu tun, im Gegenteil. Der Vater ist ein Patriarch, aber ein gebildeter.

War die autoritäre Rolle des Vaters typisch für die Familienstruktur der DDR?	Verallgemeinern kann man das nicht. Es gab solche und solche Väter, wie überall. Die gewöhnliche DDR-Familie, also auch die, aus der ich stamme, da war der Vater überhaupt nicht autoritär. Und es gab andere Familien, gerade in Partei- und Lehrerkreisen, da war das anders.
Halten Sie es für einen Fehler, wenn Eltern (Väter) versuchen, ihr Kind mit allen Mittel zu prägen und zu fördern?	Ja, wenn es, wie gesagt, »mit allen Mitteln« geschieht. Natürlich ist Förderung etwas Gutes, aber nur, wenn es maßvoll geschieht, nicht gegen den Willen oder die Begabung des Kindes gerichtet ist. Oftmals geschieht heutzutage eine übertriebene Förderung, weil sich die Eltern selbst beweisen oder irgendetwas Verpasstes aus dem eigenen Leben aufholen wollen. Oder weil sie sich mit dem »begabten Kind« Prestige erhoffen.
Sehen Sie eine Parallele zwischen Waldemar Schetelich und Goethe, da beide Beziehungen zu deutlich jüngeren Frauen pflegten?	Schetelich ist ein exzessiver Goethe-Liebhaber und wäre gern selber wie sein Gott. Er hätte gern Goethes Macht und Einfluss. So verhält er sich auch in einigen Dingen wie Goethe. Nur wirkt das Goethe-Gebaren bei dem Deutschlehrer grotesk, albern und zynisch. Andererseits: Für die offizielle spießige DDR-Moral war so ein elitäres Verhalten eine Provokation.
Ist Wanda mit Ihrer negativen Haltung zur FDJ-Freizeitgestaltung ein Einzelfall?	Nein. Aus meiner eigenen Kindheit und Jugend weiß ich, dass es viele gab, die (vornehmlich das Paramilitärische) in der FDJ-Freizeitgestaltung ablehnten oder es nur unlustig absolvierten. Es gab natürlich auch eine ganze Menge Freizeitangebote, die Spaß machten und wo man nicht gegängelt war.
Wie viel Prozent Autobiographie steckt in Wanda?	Ich kenne die von mir beschriebenen Verhältnisse sehr gut, allerdings nicht aus meiner eigenen Familie.

Sind Sie wegen oder trotz des Deutschunterrichts zur Schriftstellerin geworden?	Weder noch. Ich habe einfach seit früher Kindheit gern gelesen und mir eigene Geschichten zusammenfantasiert. Der Deutschunterricht, den ich genossen habe, war belanglos bis langweilig. Die wichtige Literatur habe ich immer außerhalb der Schule kennengelernt. Mein Deutschlehrer war aber kein Monster, sondern ein braver Mann, der sich über meine tollkühn formulierten Aufsätze wunderte.
Welche Rolle sollte Goethe im heutigen Deutschunterricht spielen? Sollten SchülerInnen Goethe-Gedichte auswendig vortragen können? Wenn ja, welche?	Gedichte auswendig lernen ist sicher nicht schlecht, weil die Merkfähigkeit des Gehirns trainiert wird, aber zum Verständnis von Gedichten trägt es wenig bei. Nur wenn man weiß, was man sagt und das gern tut, hat Auswendiglernen einen Sinn. Goethe hat wunderbare Gedichte geschrieben, aber es bedarf eines frischen Blickes und einer Menge Zeitverständnis, um sie sich heute anzueignen. Das war in meiner Zeit nicht anders.
Wie würden Sie einem Schüler – im Falle einer vorherigen Abstimmung in der Klasse – die Lektüre der Novelle »Der Deutschgeber« empfehlen?	Warum Abstimmung in der Klasse? Ich sage einfach: Lest das Buch, es handelt vom Leben. Es wird euch vielleicht mitunter irritieren oder verärgern, weil es nicht den gängigen Liebesgeschichten entspricht, aber man lernt etwas über menschliches Verhalten, und vielleicht kann man über einiges sogar lachen – gerade, wenn's ganz schrecklich wird.
Würden Sie widersprechen, wenn man die Novelle als typische Frauenliteratur für weibliche Leser bezeichnet?	Der Begriff Frauenliteratur kommt aus dem 19. Jahrhundert und ist heute ein Synonym für Trivialliteratur (also Groschenromane, Arztromane und alles sowas). Trivialliteratur ist gewöhnliche, minderwertige Massenliteratur – ich glaube kaum, dass der »Deutschgeber« darunter fällt. Oder verstehe ich die Frage falsch?

Wenn Sie weitere Fragen haben, könnten Sie auf demselben Weg versuchen, eine Antwort zu bekommen:
www.kerstin-hensel.de
e-Mail: kerstin.hensel@freenet.de

Quellennachweis der zitierten Titel

Hensel, Kerstin: Der Deutschgeber; in: Hensel, Kerstin: federspiel. Drei Liebesnovellen, Luchterhand, München 2012
Hensel, Kerstin: Falscher Hase, btb-Verlag, München 2008
Hensel, Kerstin: Hallimasch (Erzählungen), Mitteldeutscher Verlag, Halle/Leipzig 1989
Hensel, Kerstin: Lärchenau, btb-Verlag, München 2010
Hensel, Kerstin: Tanz am Kanal, Suhrkamp Verlag, Frankfurt/Main 1994
Hensel, Jana: Zonenkinder, Rowohlt Taschenbuch Verlag, Reinbek bei Hamburg 2012 (10. Auflage)

Goethe, Johann Wolfgang von: Gedichte. Sämtliche Gedichte in zeitlicher Folge. Herausgegeben von Heinz Nicolai. Insel Verlag, Frankfurt/Main 1998
Goethe, Johann Wolfgang von: Tischlied, zitiert nach einer CD: Lutz Görner spricht und singt Goethe SuperStar 4: Auch Goethe 1. Teil« (1999)
Lenz, Siegfried: Schweigeminute, Hoffmann und Campe Verlag, Hamburg 2008
Mann, Heinrich: Professor Unrat (Oder Das Ende des Tyrannen), Rowohlt Taschenbuch Verlag, Reinbek bei Hamburg 1954

Baureithel, Ulrike: »Federleichte Fingerübung«, in:
http://www.freitag.de/autoren/der-freitag/federleichte-fingerubung
(aufgerufen am 26.11.2013)
Hennicke, Ulrich: Unser Weg ins Leben, in: 975–1975. Tausend Jahre Weimar. Festschrift. Herausgegeben vom Rat der Stadt Weimar, 1975
Opitz, Michael: »Wenn Töchter sich emanzipieren«, in:
http://www.dradio.de/dlf/sendungen/buechermarkt/1869102/
(aufgerufen am 26.11.2013)
Schmid, Thomas: »Die Gedenkkultur darf sich nicht ...«, aus: Buchenwald ist kein Weltkulturerbe; in: DIE WELT online, 04.09.2012, zitiert nach: http://www.welt.de/kultur/article108952131/Buchenwald-ist-kein-Weltkulturerbe.html
(aufgerufen am 27.03.2013)
Schnetz, Wolf Peter: »Selbsterkundungen auf der Flucht vor der Liebe. Beste Literatur, nicht nur für Frauen: Kerstin Hensel erzählt knapp und trocken von Gefühlen, die sich verflüchtigen«, aus: Nürnberger Nachrichten, 19.07.2012

Quellennachweis für Texte, die nicht unter dem Autorennamen zu finden sind

Aktuelle Informationen der Stiftung Buchenwald und Mittelbau-Dora, in:
http://www.buchenwald.de/74/
(aufgerufen am 27.03.2013)
Altes Testament Buch Esther, 1, 1–22 (nacherzählt), in: Fachbereich Bildung und Begegnung der Vereinigten Kirchenkreise Dortmund (Schulreferat): Hanna Blok, Lou Evers und Henny van het Hoofd: Von Mazzen, Mizwen und Mesusen. Ein Arbeitsbuch zum Judentum für den Religionsunterricht; Weesp 1998; Übertragung aus dem Niederländischen: Irmtraud Stratmann, Dortmund

2006, zitiert nach: http://www.fachbereichbildung.de/fileadmin/downloads/schulreferat/97-111.pdf (aufgerufen am 26.11.2013)

Aus einer Informationsbroschüre für die nationale Mahn- und Gedenkstätte Buchenwald aus dem Jahre 1984. o. O.

Auszüge aus dem Lehrplan »Deutsche Sprache und Literatur«, herausgegeben vom Ministerrat der Deutschen Demokratischen Republik – Ministerium für Volksbildung, Verlag Volk und Wissen, Berlin 1985

Auszüge aus der Rede des Ministerpräsidenten der DDR, Otto Grotewohl, zur Einweihung der nationalen Mahn- und Gedenkstätte Buchenwald im Jahre 1958

»Im Besitz des deutschen Dichters...«, in: Christian Ucke und Hans-Joachim Schlichting: Das Goethe-Barometer; aus: Physik in unserer Zeit, 24 (1993), S. 91–92

Interview mit Bastian Bielendorfer durchgeführt von Johanna Bruckner: Erlebnisse als Lehrerkind, in: http://www.sueddeutsche.de/bildung/erlebnisse-als-lehrerkind-mein-vater-korrigiert-sogar-das-tv-programm-1.1740262 (aufgerufen am 07.10. 2013)

Novellen-Definition, in: Wieland Zirbs (Hrsg.): Literaturlexikon. Daten, Fakten und Zusammenhänge, Cornelsen Verlag Scriptor, Berlin 1998, S. 274

»Vieles, was in der Geschichte passiert ist ...« (Zitat von Kerstin Hensel), aus: Wolfgang Emmerich: Kleine Literaturgeschichte der DDR, Aufbau Taschenbuch Verlag, Berlin 2005 (2. Aufl.), S. 327

Zur offiziellen Goethe-Rezeption in der DDR, in: Claudia: Knetsch: https://www2.uni-jena.de/journal/uniapr00/ddr.htm (aufgerufen am 30.09.2013)

Weiterführende Literatur

Abels, Kurt (Hrsg.): Deutschunterricht in der DDR 1949–1989, Verlag Peter Lang, Frankfurt/Main 1992

Bielendorfer, Bastian: Lehrerkind. Lebenslänglich Pausenhof, Piper Taschenbuch, München 2011 (22. Auflage)

Bielendorfer, Bastian: Lebenslänglich Klassenfahrt – Mehr vom Lehrerkind, Piper Taschenbuch, München 2013

Brekle, Wolfgang: Zum Bild des Literaturlehrers in der DDR; in: Ortwin Beisbart / Annemarie Mieth (Hrsg.): Deutschlehrer-Bildung im Wandel, Verlag Peter Lang, Frankfurt/Main 1999

Friedrich, Bodo (Hrsg.): Geschichte des Deutschunterrichts von 1945 bis 1989 (Teil 1) – Unterricht nach Plan? Untersuchungen zur Schule in der SBZ/DDR, Verlag Peter Lang, Frankfurt/Main 2006

Riemann, Jan: Helden der Literatur – Instrumentalisierung von Literaturtexten in den DDR-Schulbüchern an ausgewählten Beispielen, epubli – Verlagsgruppe Holtzbrinck 2012

Bildnachweis

Exponat des Goethe-Museums, Düsseldorf, Foto von Clarissa Höschel – S. 57 (2); Kerstin Hensel, Falscher Hase, erschienen im Luchterhand Verlag, München, in der Verlagsgruppe Random House GmbH – S. 81; Kerstin Hensel, Federspiel, erschienen im Luchterhand Verlag, München, in der Verlagsgruppe Random House GmbH – S. 89; Kerstin Hensel, Lärchenau, erschienen im Luchterhand Verlag, München, in der Verlagsgruppe Random House GmbH – S. 82; Kerstin Hensel, Tanz am Kanal, Suhrkamp Verlag, Berlin – S. 78; Ullstein-Bild / B. Friedrich, Berlin – S. 89